ABC_{DEL}Pilates

ABC DEL Pilates

José Rodríguez

LIBSA

*Deseo que éste y mis otros trabajos, así como
mis clases y cursos, aporten algún beneficio a
quien se acerque a estas disciplinas físicas
para mejorar su salud, tanto por sus efectos
sobre la estructura corporal, como por los
beneficios a nivel emocional.*

© 2012, Editorial LIBSA
C/ San Rafael, 4
28108 Alcobendas. Madrid
Tel. (34) 91 657 25 80
Fax (34) 91 657 25 83
e-mail: libsa@libsa.es
www.libsa.es

ISBN: 978-84-662-2487-1

Colaboración en textos: José Rodríguez
Edición: equipo editorial LIBSA
Diseño de cubierta: equipo de diseño LIBSA
Maquetación: equipo de maquetación LIBSA
Fotografías y documentación gráfica: Antonio Beas y archivo LIBSA
Centros florales: Beatriz García
Estilismo: Esther Huerga Gallego, Vanesa Peña Segura y José Rodríguez

CONTENIDO

PRESENTACIÓN

Este libro nace de la respuesta a la demanda que los alumnos crean sobre las enseñanzas de Pilates. Cuando afrontamos una clase de iniciación, donde las personas que acuden tienen diversas capacidades, edades o estados físicos tenemos que adaptarnos a cada situación.

Para poder enseñar un ejercicio, aunque sea uno de nivel básico o intermedio del método Pilates, hay que adaptarse y a veces crear otros ejercicios de preparación, que nos llevarán a trabajar de forma correcta los movimientos finales.

Muchas veces ayudados con gomas, pelotas, etc., conseguimos entender y colocar correctamente esas posturas, además de utilizar posteriormente estos elementos para intensificar y complicar los ejercicios ya avanzados, de manera que estos accesorios resultan de gran utilidad en la práctica.

También hemos comprobado que hacer estos ejercicios de preparación ayuda considerablemente a las personas que ya practicaban Pilates con anterioridad, pues después de trabajar estos ejercicios notarán cómo dominan mejor los que ya tenían asimilados y cómo además consiguen avanzar en su nivel físico y técnico.

El uso de bandas elásticas favorece el movimiento muscular natural sin forzar ni dañar el cuerpo.

Por ejemplo, para los ejercicios de pierna y cadera, llamados *Side kicks* (o patadas laterales) en el método clásico, si trabajamos los ejercicios de juego de cadera presentados en este libro, y los ejercicios con la banda elástica no sólo mejoran y desarrollan un mejor nivel práctico para posteriormente hacer los movimientos avanzados, sino que como ejercicios propios tienen un beneficio excelente.

El uso de la banda elástica es de gran ayuda y existen infinidad de movimientos que podemos hacer con este práctico y económico elemento, fácil de conseguir y de llevar a cualquier sitio. Es realmente un gimnasio móvil de bolsillo. Por su característica, parecida al trabajo que realizan los músculos y tendones, su uso tonifica el cuerpo de forma más correcta que con el uso de carga de peso con elementos rígidos. Además existen diferentes grados de dureza elástica para adaptarlos a cada persona. Es el mismo concepto con el que su autor, J. Pilates, colocó en sus máquinas, poleas y muelles, descartando los pesos, dado que generan carga sobre el hueso y la articulación, mientras que los muelles y tensores son cercanos al movimiento muscular natural.

El balón (o *Fit ball)*, es un elemento creado desde el estudio de la fisioterapia, donde gracias al equilibrio e inestabilidad de trabajar sobre él, ayuda a que grupos de músculos internos, no acostumbrados a ejercitarse, se vean implicados. Esta acción mejora considerablemente la postura, fortaleciendo desde la musculatura profunda, y es útil también como técnica de propiocepción y autoconocimiento corporal. Además enriquece la sesión, dándole un punto de diversión y variedad. Hay muchos ejercicios que posteriormente practicantes de Pilates han introducido en el método tradicional, donde no existían estos elementos, pero que enriquecen y crean nuevos caminos para avanzar.

Además del trabajo de suelo, podemos usar el *Fitball* y otros elementos.

Es muy importante saber los conceptos y ejercicios originales, para entender el porqué del sistema. Pero gracias a que evolucionamos y se descubren nuevas técnicas vamos mejorando y creciendo.

Recordemos que el sistema original creado por J.H. Pilates comenzaba con la tabla de colchoneta, seguido del trabajo en las máquinas *Reformer, Cadillac, Wunda chair, Barrel,* etc. con ejercicios individuales y concretos para cada persona y cada caso. Cuando trabajamos sin estas máquinas, compensamos su falta con la banda elástica, el balón y los otros accesorios ya mencionados, y aunque no sean del todo igual, pues estas máquinas tienen una laboriosa creación, cercana a máquinas de rehabilitación modernas, sí ayudan a desarrollar un abanico de ejercicios que tendrán un efecto de tonificación completa. Otros aparatos que crean ejercicios de equilibrio, como el rulo, el cojín de estabilidad, la base giratoria o las pelotas de diferentes tamaños, desarrollan gracias a una búsqueda del equilibrio sobre ellos que la musculatura interna se vea reforzada. Grupos musculares que habitualmente no son ejercitados se estimulan gracias a este trabajo, logrando una base interna que sostiene y sujeta la estructura anatómica y desde la que ir fortaleciendo los grupos musculares externos. La idea es dar un apoyo anatómico, tonificando desde dentro hacia fuera.

¿De qué nos sirve tener un recto abdominal muy fuerte y bien marcado, si no tenemos fuertes músculos como el transverso abdominal profundo, el psoas y una buena base pélvica? Dado que el concepto de ejercicio físico y otras pautas que en la sociedad actual están forjadas hacia lo externo y la apariencia, se le da una mayor importancia a la parte de fuera que a lo que no se ve. Por esto tenemos que buscar nuestra forma física en técnicas como el Pilates, que tomó conceptos de filosofías orientales donde lo interno prima sobre lo externo.

Aun siendo así, descubrimos que en muchos centros y gimnasios se están eliminando conceptos base del método Pilates e incluso la respiración, que es primordial, se pasa por alto. Posiblemente se deba a la dificultad inicial que conlleva tanto para el alumno como para el profesor, que muchas veces tampoco tiene una buena base en la gimnasia

La influencia del cultivo interior de las técnicas orientales es esencial en la práctica de Pilates.

respiratoria. Se puede ver hoy en día cómo una sesión de Pilates se convierte a veces en una clase más de Fitness, donde el objetivo es simplemente sudar. Hemos de recordar que este sistema tiene otra cualidad y otro tempo: es ante todo un trabajo físico de precisión, de gran control del cuerpo, dirigido por la respiración, la calma y la concentración mental.

Si realizamos los ejercicios de las tablas, tal como lo haríamos con otro tipo de gimnasia, sin una precisión y corrección corporal ni una respiración coordinada, ya no es Pilates, sino simplemente otro tipo de ejercicio físico. De hecho, si hacemos mal los movimientos, en lugar de ser beneficiosos, pueden convertirse en perjudiciales.

Realmente no importa tanto el ejercicio o estiramiento que estemos haciendo, sino la forma y la calidad con la que practiquemos. Por esto, si aplicamos bien su filosofía y sus bases a cualquier deporte, movimiento, o trabajo diario, realmente estaremos entendiendo el fundamento de este método y podremos aplicar la filosofía del entrenamiento de Pilates a cualquier movimiento y disciplina física. El ritmo podrá ser más lento o más fluido y rápido en algunas sesiones, pero sin perder la técnica precisa, la respiración y la calma mental.

Un ejemplo parecido de todo lo que tratamos de explicar lo vemos en las artes marciales. Cuando llegan a Occidente, se tiende a desnaturalizar, se eliminan las bases interiores, de filosofía, concentración y trabajo interno, para quedarnos con la parte externa, lo estético, más dirigido a la competición y al deseo de obtener resultados inmediatos. Así, se pierde el desarrollo interno que es lo más complicado, lo que requiere tiempo, calma, paciencia y una actitud de perseverancia, conceptos que son casi imposibles en esta sociedad de la prisa y la falta de tiempo.

No quiere decir que la competición no requiera de alabanzas; al contrario, tiene un nivel altísimo de dedicación que no debe depreciarse en absoluto, pues es un trabajo duro que no sólo requiere una dedicación plena, sino que a nivel psicológico tiene mucha fuerza. Pero ciertamente conlleva multitud de lesiones, y su periodo de alta competición es sólo de unos pocos años dorados. Las disciplinas internas, que desarrollan la paciencia y la perseverancia, nos complementan y equilibran. Son realmente un tesoro, una medicina a nuestro modo y estilo de vida. Por esto aconsejamos no hacer la parte práctica sin haber entendido la parte teórica, para poder aplicar correctamente los conceptos, la filosofía y el espíritu del método. Tomar un ejercicio del libro y hacerlo por intuición sin leer las pautas, descartando la corrección postural, la respiración o el ritmo no tiene sentido y podrá ser negativo en vez de beneficioso. Además, el libro siempre será un elemento de apoyo a la práctica dirigida.

La precisión y la adaptabilidad de los ejercicios deben ser aplicadas a cada individuo. El método Pilates fue creado para la práctica individualizada, como ejercicio de rehabilitación y de prevención. Lo ideal sería que cada persona tuviese su propio monitor personal, que pudiese crear los ejercicios concretos y adaptados para el alumno. Esto es a veces difícil, pues tener un monitor particular requiere mayor desembolso económico. Realmente la sesión de Pilates debería ser como ir al terapeuta, aunque nunca debemos confiarnos y si tenemos algún tipo de lesión, o un problema físico concreto, es el médico especialista y los terapeutas corporales los que deben supervisar, mientras que el monitor de Pilates trabajará bajo esas pautas y recomendaciones. Cuando se practica en clases grupales, donde el profesor tiene que atender a varios alumnos, cada persona tiene que tomar una actitud más responsable, estar más concentrado consigo mismo y con lo que el profesor dice para evitar errores. Cada uno tiene que ser su propio maestro, su propio monitor personal, atento, vigilante, concentrado, corrigiendo en todo momento que nada se descontrole. Debemos desarrollar mucho cariño hacia nuestro cuerpo, dejando que progresivamente vaya encontrando su camino para la salud con una actitud de calma, concentración, superación y una dosis grande de paciencia.

Lo que el título de esta obra, *ABC del Pilates,* muestra es que habrá movimientos que podrá hacer cualquier persona que empiece a practicar el método, aun con posibles lesiones, dificultades o edades avanzadas, pero también se beneficiarán de este manual personas en buena forma que ya hacen Pilates y que desean ampliar o mejorar su nivel técnico. Por esto se incluyen ejercicios para avanzar en la práctica y muchos de ellos están destinados para quien ya tiene conocimientos en el método y su preparación física está al nivel apropiado. Estas personas lograrán tremendos avances en su técnica y acondicionamiento físico. Por otra parte, las personas que empiezan a hacer Pilates sólo elegirán los movimientos y posturas indicados a su nivel, que pueden ir superando con el tiempo y el entrenamiento.

Esperamos que tanto éste como los otros libros escritos por este autor aporten un granito de arena en cuanto a conocimiento y apoyo para las personas que están en el camino de reencontrar su salud y armonía entre el cuerpo, la mente y la energía.

José Rodríguez

01 QUÉ ES EL MÉTODO PILATES

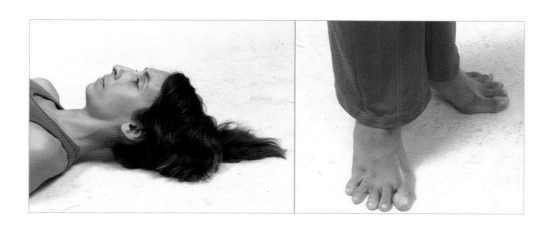

Desde que Joseph H. Pilates ideara las bases de su famoso método hasta el día de hoy, tenemos detrás un verdadero camino de superación de los problemas y perfeccionamiento personal que tiene como resultado un sistema de entrenamiento muy eficaz y válido para todo tipo de personas, independientemente de la edad y de la condición física que se tenga.

El método Pilates se ha popularizado en todo el mundo como una manera de mantenerse en forma por dentro y por fuera, siendo como es un sistema poco o nada agresivo con el cuerpo que en realidad puede curar lesiones, desde luego sabe prevenirlas y constituye todo un ejemplo del ejercicio físico verdaderamente beneficioso para la salud general y, en particular, para el bienestar de la espalda y las cervicales. Además, es una práctica muy útil para conservar la silueta que al mismo tiempo evita el estrés y la ansiedad propias de una vida moderna y agitada.

El método Pilates es un sistema de entrenamiento corporal muy completo en el que se trabaja el cuerpo como un todo, desde la musculatura más profunda hasta la más periférica, y en el que intervienen tanto la mente como el cuerpo y la respiración. Es decir, se trata de una forma de entender la actividad física y deportiva que involucra del mismo modo al cuerpo que al interior del ser humano en una fusión entre la concepción occidental y la oriental.

El método Pilates no sólo beneficia al estado físico, sino que involucra a la mente.

El objetivo es conseguir un adecuado equilibrio muscular, reforzando los músculos débiles y alargando los músculos que se encuentran acortados. Esto lleva a aumentar el control, la fuerza y la flexibilidad del cuerpo, respetando las articulaciones y la espalda, que salen reforzadas en lugar de ser zonas propicias a las lesiones típicas de otras actividades deportivas.

Su creador, Joseph Hubertus Pilates, nacido en el año 1880, era un niño débil y enfermizo que sufría asma y fiebres reumáticas. Pero esta aparente incapacidad física no le apartó del deporte, sino que muy al contrario, sus propios problemas le dieron el ánimo suficiente como para consagrarse al estudio del cuerpo humano, con la intención de alcanzar un físico fuerte y una mente sana. Fue tal su determinación que consiguió muscular su propio cuerpo de manera ejemplar y ya a los catorce años posaba como modelo anatómico. Más tarde marchó a Inglaterra para formarse como boxeador y su cultivo de unas capacidades que al principio parecían mermadas le llevó incluso a ser artista de circo y entrenador de defensa personal para los detectives de Scotland Yard. No contento con eso, practicó Yoga, esquí, *bodybuilding* y otras muchas disciplinas que le hicieron aún más completo.

Cuando estalló la Primera Guerra Mundial, Joseph H. Pilates cayó prisionero, siendo confinado en un campo de trabajo ante cuyas severas condiciones decidió invertir su «tiempo libre» en desarrollar sus ideas sobre la salud y la forma física, incluyendo todos los conocimientos que había cosechado hasta entonces. Instruyó además a sus compañeros que, curiosamente, consiguieron esquivar en su totalidad la epidemia de gripe de 1918. En los últimos años de guerra, prestó sus servicios como camillero en un hospital de la isla de Man y durante su paso por la enfermería creó unas camas con muelles y poleas para que los pacientes pudieran ejercitar los músculos antes de ponerse en pie (ese aparato primigenio, el hoy perfeccionado y llamado *Cadillac,* es ahora una pieza clave de su sistema). Los médicos pudieron observar entonces cómo, gracias a su ingenioso invento, muchos pacientes se rehabilitaban de forma más rápida.

Pilates emigró a EE. UU. como muchos otros, en busca de un futuro más prometedor que el que una Europa destruida podía ofrecer en esos momentos. Fue precisamente allí donde, junto a su esposa Clara, fundó el primer *Pilates Studio* en Nueva York.

EL ARTE DE LA CONTROLOGÍA

El sistema completo que Pilates desarrolló, que llamó «Contrología», y que más tarde pasó a denominarse «Método Pilates», es un trabajo que comienza en el suelo, desde el *Mat* (colchoneta), sin ningún tipo de aparato. Posteriormente, se enriquece con ejercicios hechos desde una serie de máquinas con muelles y poleas, y diversos aparatos que completan el sistema.

Su método original se compone de más de 500 ejercicios y la idea original era la conveniencia de comenzar la práctica tumbado, pues de este modo existe un menor peso sobre la columna y las articulaciones que el que se origina debido a la verticalidad y la gravedad ejercida hacia la tierra. Por esta razón, se comienza el entrenamiento en horizontal y a lo largo de la sesión se va tomando verticalidad, pasando por los diversos aparatos, hasta terminar de pie.

El arte de la contrología consiste en el control del cuerpo en su totalidad uniendo mente y respiración al ejercicio concreto y realizando una concentración y precisión exhaustivas en todo momento. Además se basa en ejercicios en los que se requiere un equilibrio y estabilidad desde el centro del cuerpo.

Hoy en día se han ampliado los ejercicios originales con elementos como balones, gomas, tensores, rulos, etc., pero en realidad el sistema de colchoneta o suelo, llamado *Pilates Mat,* está en la base para realizar todo tipo de ejercicio y además ofrece la ventaja de poder practicarse en cualquier lugar.

El *Pilates Mat* o sistema de colchoneta en el suelo es la base del método Pilates.

SU INFLUENCIA CON LA DANZA

En Nueva York, desde los años veinte hasta su muerte en 1967, J. H. Pilates desarrolla el amplio repertorio de movimientos de su método, ampliándolo y perfeccionándolo cada vez hasta conseguir el corpus de lo que entendemos hoy por Pilates.

Su particular sistema de entrenamiento se hizo popular entre coreógrafos y bailarines (como Martha Graham y George Balanchine, entre otros), cuyas lesiones y las de sus colaboradores en la compañía, derivadas de un entrenamiento exhaustivo y exigente, les obligaban a pasar largos periodos de recuperación e inactividad. Hasta tal punto llegó la admiración por su sistema, que Balanchine llegó a incorporar a una de sus piezas de danza más populares «Los siete pecados capitales», que es la tabla de ejercicios de suelo de Pilates.

Martha Graham fue quien introdujo la idea de la curva en la danza moderna, algo novedoso dentro de su especialidad, donde los bailarines hacían ballet o usaban la técnica de Isadora Duncan, con la columna siempre erguida y extendida. Graham instauró la flexión espinal que llamo «contracción», con el típico ahuecamiento abdominal. Este concepto novedoso estaba además dentro del movimiento natural y primario, pero revolucionó por completo la danza y fue pionera para otros estilos de baile contemporáneo que nacieron a partir de su búsqueda. Por su parte, J. H. Pilates trabajaba con ella en su estudio y aplicó esta idea de la curva con forma de «C» en la espalda para flexibilizar la columna, pero desde el ahuecamiento abdominal, en la espiración abdominal, gracias al músculo transverso abdominal profundo. En muchos de sus ejercicios se aplica este concepto durante la práctica tanto en colchoneta como en las máquinas.

Romana Kryzanowska, otra famosa bailarina, conoció a Pilates a través de G. Balanchine y a raíz de una lesión que padecía y le impedía bailar, se puso en sus manos. Después de varias sesiones descubrió que no sólo su tobillo estaba mejor, sino que había desarrollado un mayor sentido del equilibrio y una fuerza que le permitía moverse con control y seguridad. Kryzanowska se dedicó en cuerpo y alma a aprender el sistema y es la persona que Joseph Pilates eligió para que continuara con su labor de desarrollo del método. La bailarina formó a infinidad de instructores conservando el método original íntegro hasta nuestros días, pero además aportó al sistema pautas como la fluidez y la cuenta en los ejercicios, más propios de la danza. Se convirtió en la gran guardiana del método original, pero aportando sus influencias de la danza y enriqueciendo la disciplina con algunos conceptos de las técnicas orientales.

Joseph H. Pilates publicó algunos libros como *Return to life through Contrology (Volver a la vida con la Contrología)*, escrito en 1945 o *Tu salud*, de 1934, que está basado en el equilibrio entre cuerpo y mente, y en principios que J. Pilates formuló, como la postura correcta, la respiración, la flexibilidad de la columna, la educación física y la mecánica corporal.

Coreógrafos y bailarines fueron los primeros en beneficiarse del método Pilates. Hoy, todos podemos practicarlo y notar cómo mejora nuestra salud.

Leyendo y trabajando su método nos damos cuenta de que fue un revolucionario en su época, un adelantado a su tiempo, y que además fue el precursor de lo que más tarde sería la Fisioterapia moderna, ya que en su época no existía esa forma de trabajo. Las máquinas que diseñó son verdaderas ideas propias de un inventor, pues pasaba interminables horas en su taller, debajo de su estudio original de Nueva York, en la 8th Avenue (con la 56th Street), donde construía y mejoraba sus diseños. Algunos, como el *Cadillac,* que inventó inicialmente en el hospital, y que luego mejoró en su estudio, son una obra de ingeniería, y realmente recuerda mucho a los aparatos más modernos utilizados en la rehabilitación de lesiones de Fisioterapia. La silla *Wunda,* invento que creó cuando

trabajaba en el circo y que podía servir como asiento o mesa, era una completa máquina de ejercicios de fácil transporte y pequeño espacio. Otros aparatos, como el *Barrel,* inicialmente nacieron de objetos cotidianos y sencillos, en este caso del reciclaje de medio barril de cerveza (ya que, como buen alemán, le encantaba la cerveza). Del mismo modo, los aros de acero del barril fueron los primeros *Magic circles,* unos aros que hoy son generalmente de plástico. El *Reformer,* por otro lado, es un completísimo aparato de ejercicios que recuerda a o que está inspirado en una máquina de remo con una gran versatilidad.

Como hemos dicho, todo su método abarca una cantidad de más de 500 ejercicios e infinidad de máquinas, además de las técnicas de suelo, siendo un completísimo sistema que llega a nuestros días con gran fuerza y revolucionando hoy día el Fitness, la educación física en general y la Fisioterapia en todo el mundo, algo que este genio comenzó a principios del siglo pasado y que sin embargo resulta insuperable en su modernidad.

Es cierto que los bailarines, actores y modelos fueron durante un tiempo los primeros en interesarse en este método por su eficacia, ya que les ayudaba mucho a modelar su cuerpo, mantener la calma y mejorar el movimiento y el equilibrio en general. En concreto, a los actores y bailarines les enseña a llenar el espacio de un modo gracioso y controlado en cada gesto. También es un sistema de mucho prestigio entre los músicos de viento debido a la atención que presta al sistema respiratorio. Más tarde se popularizó entre los deportistas, a los que ayuda a mantener la musculatura flexible y a prevenir y tratar lesiones. Pero lo más positivo es su divulgación entre la gente de la calle, independientemente de la edad, el sexo y la condición física, ya que cualquiera puede beneficiarse de estos ejercicios, como técnica de prevención, corrección postural, de rehabilitación y de acondicionamiento. Sin embargo, es una técnica que goza de prestigio y reconocimiento público sólo desde hace unos pocos años, por lo que hoy en día está en su apogeo divulgativo, cosa que debemos aprovechar para seguir practicándola o para iniciarnos en ella con la seguridad de que estamos haciendo lo mejor para nuestra salud física y mental.

El *Magic circle* moderno aún guarda su parecido con los primitivos aros del barril de cerveza.

PERSEVERANCIA Y PACIENCIA

«En 10 sesiones notarás la diferencia, en 20 verás la diferencia, y en 30 tu cuerpo habrá cambiado por completo».

Joseph H. Pilates.

Esta frase que le hizo popular hace referencia a la confianza del autor en su método. Reseñó además que para que éste funcione debe ser realizado con eficacia y perseverancia, realizando ejercicios gradualmente, comenzando por los más básicos y de iniciación. La sensación que experimentan todas las personas que siguen este método es que notan su espalda mucho mejor, su cuerpo más elástico y resistente, y una sensación de energía a la vez que de calma, y menor estrés.

Si comprendemos su filosofía, su técnica podrá ser llevada a cualquier disciplina, ejercicio y acto que realicemos a lo largo del día. Hará que cambiemos por completo la manera de vernos y relacionarnos con nosotros mismos. Esto es lo más importante que aprendemos al realizar este sistema. Joseph Pilates dejó constancia en sus libros de que con su método pretendía que cada uno de nosotros fuésemos responsables de controlar nuestro cuerpo-mente y su salud de forma equilibrada. Para ello cada persona adaptará los ejercicios y el nivel de trabajo a sus propias características, objetivos, estilo de vida, etc.

Siendo lógicos con lo que es y lo que puede ser, cada uno es dueño y libre de encontrar su propio camino y medio para que su vida tenga una mayor calidad, partiendo de la realidad de que si nuestro cuerpo está bien sano, nuestra mente emocional estará más en armonía, y podremos afrontar lo que nos acontezca con una mayor serenidad, entereza y ecuanimidad.

«La mente, cuando está contenida dentro de un cuerpo saludable, posee un sentido glorioso de la energía».

Joseph H. Pilates

INTRODUCCIÓN AL SISTEMA

POWERHOUSE, EL CENTRO O LA «MANSIÓN DEL PODER»

Joseph H. Pilates descubrió la importancia de construir un centro de fuerza, del cual fluye el movimiento hasta la periferia. Este centro, al que llamó *Powerhouse* («mansión del poder»), está constituido por los músculos que circundan el cuerpo, justo debajo de la cintura, alrededor de la pelvis, en la zona lumbar, los oblicuos o costados, los glúteos, los abdominales internos y externos y los que conforman el suelo pélvico.

Todos ellos componen la «faja anatómica». Se sabe a través de estudios recientes que cualquier movimiento corporal tiene su origen y repercusión en la zona del sacro-pelvis, y que es por esta razón por la que tendemos a sobrecargarla tirando en exceso de la zona lumbar, además de adoptar malas posturas que aumentan la probabilidad de que aparezca alguna lesión. Su debilidad o sobrecarga pueden desencadenar trastornos y dolores del sistema músculo-articular y nervioso, como lumbalgias, hernias de disco, ciáticas, etc. Es, pues, de vital importancia que seamos conscientes de ello y que procuremos mantener este centro físico muy bien protegido, tonificándolo y adquiriendo una mejor postura. Tanto si hemos padecido alguna de estas dolencias como si no, hagamos de este sistema una gimnasia preventiva además de un método eficaz para conseguir un aspecto físico más estilizado y armonioso.

Esta «mansión del poder» a la que Pilates hace referencia constantemente se debe relacionar con la búsqueda del centro en las artes marciales orientales llamado *Tan Tien* o *Hara* («centro de energía»), ya que fueron conscientes de su importancia hace mucho tiempo, desarrollaron una infinidad de ejercicios y técnicas para su desarrollo y fortalecimiento. Desde la antigua China con el Chi Kung y las artes marciales, hasta la India con el Yoga, estas técnicas fueron extendiéndose a Japón y a toda Asia. Es allí donde adquieren un trasfondo filosófico y religioso, pues su cultura está impregnada de espiritualidad.

Joseph H. Pilates acercó estas disciplinas a Occidente, introduciendo en el ejercicio físico conceptos como la respiración, el movimiento, la concentración mental (como meditación), la calma y la precisión del movimiento dirigido desde el centro energético, pero sin ese trasfondo espiritual de Oriente, y adaptadas a la práctica mente occidental. También podemos encontrar referencias acerca de la costumbre de proteger esta zona central del cuerpo aquí en nuestra cultura, y casi en cualquier parte del mundo es habitual, sobre todo en labores del campo y trabajos duros, colocar un fajín para sujetar la cintura y proteger la zona lumbar.

Hoy día también lo podemos ver en forma cinturones de cuero ancho como fajas de neopreno que se usan para realizar tareas que requieren una sobrecarga excesiva, en trabajos duros y en gimnasios para levantar pesas, incluso los motoristas llevan una especie de corsé con barras para protegerse. Es cada vez más habitual que los médicos, fisioterapeutas, entrenadores deportivos, etc. recomienden fortalecer esta zona.

Favorezcamos con el método Pilates la creación de una faja anatómica natural, fortaleciendo toda la musculatura del centro del cuerpo. Y a partir de aquí, tratemos de tonificar y estirar la espalda, el tronco y los miembros en un equilibrio entre estiramiento y tonificación compensado al cincuenta por ciento.

El método Pilates centra su atención en el *Powerhouse* o «mansión del poder», que es la faja anatómica abdominal.

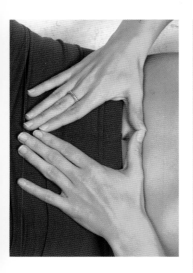

Los ejercicios de Pilates se inician y parten en todo momento desde este centro, que está compuesto por el conjunto de los músculos abdominales, lumbares, de las caderas, pelvis, glúteos, etc. Para desarrollar la totalidad de estos músculos de manera equilibrada, se necesita un trabajo de mucha precisión. Los músculos más profundos, y por eso los más difíciles de controlar, exigen una mayor concentración en la ejecución de los ejercicios, conceptos como «tirar del ombligo hacia la columna» o «abrochar para tensar la pelvis», son de vital importancia a la hora de realizar los ejercicios con precisión para que su resultado sea óptimo, por ello debemos comenzar por entender y practicar con calma tanto la primera parte del libro, dedicada a los conceptos y filosofía del método, como las bases para la correcta ejecución de los ejercicios que son los cimientos del trabajo que vamos a realizar.

Es la parte del cuerpo con más problemas y debilidad de la sociedad moderna. Y es por esta razón por la que este método tiene un papel tan importante en la vida diaria, ya que puede corregir la forma en que realizamos cualquier acción, ya sea en el trabajo, el deporte o el ocio. Cuando llevamos un tiempo practicando Pilates comenzamos a cambiar la forma de sentir cada acto y realizamos una toma de conciencia de cómo nos movemos y colocamos, lo que repercutirá en una autocorrección postural que evitará problemas de espalda y nos dotará de una potencia física que podremos emplear tanto para aumentar nuestro rendimiento deportivo como en la vida en general.

Tratemos de desarrollar una musculatura abdominal interna bien fuerte para evitar futuros problemas de la columna.

Se han realizado estudios que han demostrado que para tener la zona lumbar fuerte y protegida de posibles lesiones es necesario el desarrollo de los abdominales más profundos, transverso y oblicuo interno, del músculo psoas y después de los abdominales más externos, además de pequeños grupos de músculos que sujetan y ayudan a los músculos más grandes, como flexores de cadera, suelo pélvico, rotadores externos e internos de las piernas, etc. Sin embargo, lo más habitual es desarrollar en exceso la musculatura superficial como el recto abdominal, en detrimento de los profundos, así como contraer el diafragma por tensión o retención a la hora de respirar al realizar el ejercicio, colocando una excesiva carga que resulta perjudicial para la espalda.

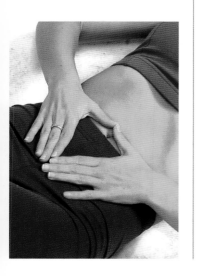

Al contrario de lo que debería ser, este centro o faja anatómica es la zona más débil y con más problemas dentro del cuadro de patologías de la mayor parte de la sociedad actual. ¿Quién no ha padecido dolores de espalda?, o ¿cuánta gente conocemos con algún problema de columna? Por eso es tan importante el papel que desempeña este método en la sociedad actual y en la vida diaria es un tesoro impagable, una herramienta imprescindible que debemos llevar siempre con nosotros.

«Una persona de 30 años en una baja forma física es vieja.
Una persona de 60 años en buena forma física es joven».

Joseph H. Pilates

¿Y CUÁL ES LA RAZÓN DE ESTAS PATOLOGÍAS?

Es la forma en que realizamos cualquier acción, ya sea en el trabajo, el deporte o el ocio, lo que nos lleva a padecer innumerables dolencias y desarreglos, esa consecución de malos hábitos y posturas son la suma de nuestro malestar, por esta razón debemos tomar conciencia de lo que hacemos y de cómo lo hacemos. Esta capacidad de observar de manera natural cómo nos movemos, cómo actuamos y nos colocamos a lo largo del día nos hace reconocer nuestros propios errores y crear unos nuevos hábitos de conducta al andar, cuando nos sentamos, esperando de pie, conduciendo, duchándonos, al dormir, al respirar, etc., son muchas las veces en las que no está bien alineada la espalda, los hombros se encuentran contraídos, incluso la manera de pisar y la posición de nuestras rodillas al andar o correr no son correctas.

Y en algo tan importante como es la respiración, ni siquiera somos conscientes la mayoría de las veces de si inspiramos, espiramos o retemos cuando realizamos una actividad, son tantos los instantes al cabo del día en los que nuestra estructura está mal colocada que no nos puede extrañar o sorprender que sintamos dolencias de múltiples grados y formas, así como estrés, cansancio, insomnio, etc.

Por eso es tan importante lo que este sistema nos propone y a ello hacemos referencia constantemente aquí y en las clases: debemos tener presente que somos dueños y responsables de nuestra salud, y que es algo prioritario en nuestra vida, pues si estamos mal con nosotros mismos nunca nos sentiremos bien.

Debemos reeducar nuestras posturas cotidianas observando que la espalda quede bien alineada.

¿CÓMO PODREMOS ESTAR EN ARMONÍA CON TODO LO DEMÁS?

Hagamos de la corrección postural algo cotidiano, un nuevo hábito que sea parte de cada instante de nuestra vida. Tomémoslo como un juego que se convertirá en algo permanente, hasta que con el tiempo no haya que pensar en ello, como tantas acciones mecánicas que realizamos a lo largo del día: al conducir, por ejemplo, al principio tenemos que pensar cada movimiento que hacemos para cambiar de marcha, parar, etc., pero con la práctica y la repetición estas acciones se convierten en algo memorizado y mecanizado, entonces la mente puede estar más relajada y atenta a otras cosas.

MAYOR CALIDAD QUE CANTIDAD

Si deseamos una mejora en nuestra calidad de vida tendremos que adquirir el buen hábito de buscar para mejorar, y no conformarnos con lo que hay, quizás introducir algunos cambios paulatinamente: procuraremos una alimentación mejor, un aire más limpio, una forma de realizar las cosas de manera más sutil, calmada y precisa; en

resumen, que nos ha de importar en mayor medida la calidad de las cosas y no su cantidad.

Éste es, entre otros principios, la base del éxito de esta técnica, por eso es imprescindible comenzar con los ejercicios de preparación, que nos darán la base para ir avanzando a los siguientes de grado intermedio y avanzado. No pretendamos querer hacer lo último sin haber comprendido lo primero. Habrá posturas básicas que nos puedan parecer inocuas y sencillas al principio, pero serán éstas las que nos darán la calidad y precisión que queremos conseguir en otras más complicadas o físicamente más exigentes. En esto se diferencia este método de otros sistemas, en los que lo importante es hacer muchas repeticiones con máximo esfuerzo, algo que se puede ver en muchísimas disciplinas hoy en día.

El movimiento en apariencia más básico y sencillo debe realizarse con precisión y control perfecto antes de intentar avanzar a ejercicios más difíciles.

Procuraremos efectuar cada ejercicio con un grado óptimo de precisión; o sea, de calidad, y paulatinamente iremos aumentando el número de repeticiones y el tiempo de realización de cada ejercicio, aunque no por ello en detrimento de lo primero; es decir, de la calidad y la precisión.

El ejercicio refinado será nuestro pilar central en cuanto a lo que deseamos conseguir, un cuerpo más saludable y resistente, bien protegido, con un aspecto estilizado y esbelto, más ágil y flexible; en resumen, más joven y vital.

«Unos pocos movimientos bien diseñados, realizados de manera adecuada, en una secuencia equilibrada, equivalen a horas de calistenia descuidada o de contorsiones forzadas».

Joseph H. Pilates

¿PARA QUIÉN ESTÁ RECOMENDADO PILATES?

Partimos de que es beneficioso para cualquier persona independientemente de la edad que tenga, teniendo por supuesto en cuenta las capacidades físicas así como las lesiones, patologías, etc. Si lo incluimos en nuestra vida como una rutina más y lo sumamos a otros buenos hábitos, conseguiremos el efecto de una medicina preventiva, adaptándonos mejor a los cambios y reforzándonos ante posibles enfermedades, ya que con el ejercicio mejoramos nuestro sistema inmunológico.

Como hemos dicho anteriormente, se utiliza como gimnasia de rehabilitación, por lo que después de lesiones, operaciones, accidentes o convalecencias será un ejercicio con una función de mejora y recuperación con excelentes resultados. Desde aquí recomendamos la supervisión de un monitor personal especializado que pueda corregir, controlar y supervisar los ejercicios con el fin de que no se cometan errores que puedan dañarnos o empeorar el estado actual.

Para quien no hace deporte o lleva una temporada de pausa en el entrenamiento y comienza a realizar alguna disciplina, esta técnica le hará introducirse en el movimiento físico de una manera correcta, sin la sensación tan dolorosa que se suele dar al comienzo de una nueva actividad, aunque al hacer Pilates, por supuesto que podrán aparecer las molestas agujetas, pero será de una forma mucho menos traumática. Si seguimos los pasos y conceptos del método con regularidad y con una progresión paulatina y precisa, en poco tiempo conseguiremos resultados visibles.

A personas con trabajos sedentarios o que están obligadas a mantener posturas forzadas o de mucha carga, este método será un muy buen compañero de fatigas. Se trata de adaptar la filosofía Pilates a cada momento, posición o esfuerzo, descubriremos que a lo largo del día se puede practicar la técnica en multitud de instantes, pues la idea es aprender el sistema con su filosofía y las tablas de ejercicios para aplicarlas a la vida diaria.

Artistas, bailarines y deportistas pueden practicar Pilates, pero también será muy útil para corregir posturas cotidianas.

Y es aquí donde encontraremos algo nuevo: trasladando los conceptos y correcciones, por ejemplo al realizar las tareas de la casa, en el trabajo, cuando tenemos que conducir, paseando, sentados viendo una película, cargando las bolsas de la compra, al llevar a un niño en brazos, etc., en todo momento podemos corregir nuestra postura, y asimismo activar nuestro centro. Poco a poco se hará algo familiar y constituirá un nuevo hábito saludable.

Para las personas que buscan en el ejercicio una forma de complementar una dieta como adelgazante tiene un efecto muy positivo, pues alarga y define la figura.

Este libro es complementario y preparatorio para otro libro sobre el método clásico de Pilates, también de esta editorial, donde aparecen ejercicios desde básicos hasta avanzados. Aquí incluimos movimientos y posturas de preparación a los ejercicios finales, por lo cual ayuda a realizarlos con mayor precisión, además de como elementos que puede realizar cualquier persona, y si la capacidad física lo permite, seguir progresando hacia las técnicas más avanzadas que aparecen en el libro de Pilates ya mencionado.

A los artistas, ya sean circenses, actores, bailarines, presentadores, músicos, etc. el método Pilates les ayuda a tener una mejor presencia escénica.

Hoy día se le recomienda a cantantes, y músicos de instrumentos de viento, para el trabajo de la respiración diafragmática correcta, así como a los que practican meditación o Yoga por el control de la pared abdominal.

Para deportistas profesionales o *amateurs,* bailarines y artistas escénicos en general, músicos, profesionales del Fitness, monitores y profesores de educación física,

Además de las tablas de suelo usaremos gomas, pelotas y el Pilates estudio con máquinas.

descubrirán en este método una forma de mejorar el rendimiento y sus marcas, minimizando las posibles lesiones derivadas del entrenamiento intensivo. Aunque la forma física de éstos esté en muchos casos por encima de la media, los conceptos y pilares de este método son los mismos para todos, tanto principiantes como profesionales.

Hasta los ejercicios de mayor sencillez y sutileza aportarán cambios importantes en el rendimiento posterior. Los ejercicios avanzados consistirán en algunos casos en un aumento de la velocidad de ejecución de los básicos, en otros casos lo que se aumentará es el tiempo durante el que se mantiene la postura, algunos serán ejercicios con una mayor exigencia física, con el uso de gomas, tensores, pelotas, etc. y los complementados con el trabajo de Pilates estudio, que conlleva el uso de las máquinas específicas del método.

Es muy importante la precisión del ejercicio, y una mayor calidad de movimiento cuanto mayor sea el objetivo, la intensidad y el tiempo requeridos en las actividades que vayamos a realizar.

RESULTADOS DE LA PRÁCTICA REGULAR

Cada vez son más los estudios sobre este método que le dan excelentes críticas, y son muchos los médicos y terapeutas que lo recomiendan a sus pacientes con problemas físicos como método personalizado de rehabilitación.

En unas cuantas sesiones ya se empiezan a notar cambios y mejoras, para quien lo practica con regularidad sabe que es algo que le mantiene en forma y es un hábito nuevo, que le da mayor calidad de vida. Sus excelentes resultados en la Fisioterapia lo confieren como una de las disciplinas físicas más saludables hoy en día. Combinado con otros ejercicios beneficiosos, como son andar, bailar, nadar, montar en bicicleta, o cualquier otro deporte de mantenimiento en el que se mueva todo el cuerpo, constituye la base y el cimiento para evitar las molestas lesiones y recuperarnos de problemas físicos.

Es un método válido tanto para aquellos que se introducen por primera vez en la actividad física, como para los que buscan el perfeccionamiento del movimiento. Está muy indicado y recomendado para todas las personas que padezcan problemas de espalda o alguna otra lesión y que busquen una actividad que al mismo tiempo sea preventiva y de rehabilitación. El Pilates, en países como EE. UU. y Reino Unido, está completamente integrado en los programas de rehabilitación que se desarrollan en centros especializados de Fisiopilates, en los que las máquinas tienen una importancia relevante.

Los ejercicios estarán adaptados a las características personales; es por esta razón una gimnasia muy eficaz, porque evita los errores que se cometen en otras disciplinas deportivas, en las que el ejercicio no se adecua a las limitaciones físicas de la persona.

El éxito del método Pilates radica no sólo en la exhaustiva realización y control de los ejercicios, sino también en el hecho de que el individuo tome conciencia de sus propias capacidades y sepa que tiene la posibilidad de adaptar cualquiera de los ejercicios que este método propone. Existen ejercicios concretos, o en el modo avanzado de algunos de ellos, que están restringidos para ciertas personas de mayor edad o con patologías concretas, por lo que habrá que leer las recomendaciones y beneficios de cada ejercicio antes de realizarlo. Como la tutela de un terapeuta y monitor, esto deberíamos tenerlo en cuenta antes de realizar cualquier deporte o actividad.

Tanto cuando se realiza con un monitor como en solitario, la premisa debe ser la continua vigilancia y atención de lo que se está haciendo, lo que requiere una gran concentración de lo que está uno realizando aquí y ahora. La precisión en cada uno de los ejercicios y posturas debe ser máxima.

Con los años, el método Pilates ha experimentado diversas modificaciones según el enfoque, unos con un criterio más pausado, eminentemente terapéutico y relajado, y otros con un propósito atlético y dinámico más cercano al Fitness. Cada profesor puede emplear un estilo pedagógico distinto, pero las bases del sistema deben ser en todos ellos las mismas: el control corporal, la respiración, el centro del cuerpo, la concentración, la precisión y la relajación.

La teoría es el apoyo donde construimos el trabajo y desde donde evolucionamos. Si lo obviamos caemos en el error de hacer una práctica vacía y sin contenido. Aun siendo un ejercicio físico, va acompañado de un entrenamiento de concentración (meditación) y precisión. Si por algo se caracteriza este método es por el desarrollo desde dentro hacia fuera, que quiere decir práctica precisa, controlada, con relajación y concentración, aplicando la respiración y focalizando desde el centro energético.

Estudiando los conceptos, encontraremos ayudas y podremos avanzar correctamente, evitando errores y lesiones. Además podemos disfrutar de una forma de técnica corporal muy completa, con efectos probados sobre la salud, tanto en la prevención como en la rehabilitación estructural, que conlleva una actitud calmada, que repercute en nuestro sistema nervioso y que tiene un efecto balsámico en nuestra agitada vida diaria.

Ante ejercicios que requieren esfuerzo, debemos mantener una sonrisa y destensar el rostro.

Existen unas pocas reglas y principios que debemos tener muy en cuenta antes de ponernos a practicar el método Pilates: cuestiones como la respiración, la relajación o la concentración son los pilares sobre los que sustenta la práctica y debemos dominarlas antes de iniciarnos.

RELAJACIÓN

Debemos tener en cuenta esta premisa en todo momento y sobre todo en los ejercicios más complicados y que requieren una mayor fuerza física o resistencia. Se trata de tomar una actitud tranquila y relajada y mantenerla desde el comienzo hasta el final, tanto en el ámbito mental y emocional, como en el plano físico. Procurando que, por difícil que sea el ejercicio en sí, no nos sintamos tensos ni rígidos, desdeñando esa manera que adquirimos siempre de estresarnos al realizar acciones que requieren fuerza o concentración. Siempre decimos a los alumnos que hay que sonreír, o cuando menos no fruncir el rostro ni apretar la mandíbula, por mucho que nos cueste realizar un determinado ejercicio.

Y es esta acción de relajar el rostro lo que hace que nos cueste mucho menos esfuerzo y además provoque en nosotros una menor fatiga mental y menor estrés. Si aprendemos a sonreír en situaciones difíciles o extremas, ¿cómo no vamos a sonreír cuando estamos tranquilos y sosegados? Este concepto puede parecer banal y sencillo pero es de una gran ayuda, por lo que invitamos a aplicarlo a este método, para que posteriormente se vaya haciendo hábito en todas las tareas y los actos cotidianos que se nos presenten. Porque de eso se trata: que lo que aprendemos en una sesión se traslade a la vida diaria. El espacio y la forma en que deberíamos trabajar será en un ambiente agradable, que nos ayude a estar tranquilos y concentrados. Si utilizamos música, procuraremos que no esté a un volumen alto, las condiciones del entorno nos deben inducir a una calma y una serenidad propicias, para poder sacar el máximo partido del proceso de la sesión.

Recordemos que relajados en la práctica, no quiere decir dormidos ni ausentes. Quiere decir tranquilos, pero despiertos, calmados pero atentos, serenos y concentrados.

RESPIRACIÓN

Unido al concepto anterior de la relajación, tenemos el de la respiración. Es básico para la vida y no le damos la suficiente importancia. Sí, sabemos que hay que respirar mejor, que el aire debe ser más puro y que fumar es perjudicial, que cuando estemos alterados hay que respirar hondo, pero nadie nos ha enseñado cómo, ni la forma de respirar más correcta. Respiramos desde el primer instante en que llegamos al mundo y es el último aliento con el que nos vamos.

Los beneficios de una buena respiración son múltiples: al inspirar y espirar de forma completa, usando la mayor parte de los pulmones, oxigenamos mejor todo el cuerpo, por

> «Para respirar correctamente debes exhalar e inspirar completamente, intentando exprimir cada átomo de aire impuro de los pulmones, de la misma forma que lo harías si escurrieras el agua de un paño húmedo».
>
> Joseph H. Pilates

medio de la sangre, y aumenta con ello la nutrición de cada una de las partes del organismo. Al expulsar el aire viciado de lo más profundo de los pulmones eliminamos toxinas y gases nocivos. La respiración pulmonar es sólo la respiración externa del cuerpo, la interna se produce cuando cada célula toma el oxígeno que transporta la corriente sanguínea y expele dióxido de carbono, que es llevado a los pulmones por la sangre, para ser eliminado. El masaje abdominal que ejerce el diafragma al subir y bajar ayuda a cumplir las funciones de cada órgano mucho mejor.

A nivel psicológico, este tipo de respiración más profunda tiene una función desestresante, no sólo porque el cerebro recibe una mayor cantidad de oxígeno, sino también porque al respirar más controladamente y en profundidad, nuestra mente y nuestro cuerpo trabajan con más energía y calma a la vez. El respirar en momentos y en situaciones concretas, aplicando la inspiración o la espiración correctamente, hará que cambie el estado en el que nos encontremos.

Observamos que por ejemplo en una situación tensa o conflictiva, nuestro diafragma sube y toma rigidez, realizando una retención respiratoria que nos colapsa y empeora la circunstancia, por eso se dice: «¡Respira hondo y relájate!». Le daremos pues una importancia relevante a la respiración en todos los ejercicios, no dejándola al azar, sino controlándola y dirigiéndola durante toda la sesión. Acostumbrándonos a utilizarla a lo largo del día veremos pronto sus beneficios y cómo nos ayuda en múltiples situaciones. En el apartado de los ejercicios respiratorios y de corrección postural (capítulo 4) hablaremos de la forma de respirar para los ejercicios de Pilates, aunque, como todos los conceptos que enseña este sistema, se pueden aplicar a otras disciplinas, así como a los hábitos o rutinas del día a día.

El arte de la respiración no es algo anecdótico: hay que controlarlo y resulta de vital importancia en el deporte y en la vida.

CONCENTRACIÓN

Se trata de centrar nuestra mente para que esté en «el aquí y en el ahora». Sin dar lugar a la distracción en otros asuntos, ni a la dispersión en nada más que no sea lo que

estamos realizando, dejando aparte todo lo demás, siendo conscientes de que este instante es para nuestra sesión de Pilates, que es un espacio para nosotros mismos. La concentración es pieza fundamental, pues sin ella desconectamos la mente del cuerpo y realizamos ejercicios sin precisión ni contenido. Es con la mente con lo que dirigimos el cuerpo y hacemos que la respiración se una a él. Con imágenes y visualizaciones ayudamos a que seamos un todo, cuerpo y mente unidos con una sensación de control y un dominio de los actos y posturas que realizamos. A medida que desarrollamos una habilidad mayor para concentrarnos en una parte del cuerpo, la calidad y precisión de ésta aumenta. Al igual que en las técnicas orientales de práctica y meditación como en el Yoga, el Tai chi, el Chi kung, la meditación, etc. la unión de nuestro ser hace que vivamos el presente con calma y una continua vigilancia que nos lleva a disfrutar y vivir el ahora con una mayor intensidad y armonía. Es por esto que Pilates vio en la base de su trabajo ese estado de concentración, que hacía que pasase de ser de una mera gimnasia más a un sistema que nos cambiaría no sólo el cuerpo, sino también la mente.

La sesión de Pilates debe ser un instante íntimo de armonía entre el cuerpo y la mente.

Algo que recomendamos es que cuando empecemos la sesión dejemos todo lo que traigamos de fuera en el vestuario, que apartemos las preocupaciones y centremos nuestra energía en el momento presente. Cuando estamos en la colchoneta, no debemos dejar que la mente se vaya de ese espacio, sólo abriremos una ventana a lo que nos está diciendo el monitor. Es como si entrásemos en una esfera donde nuestro cuerpo está trabajando en armonía, relajado y respirando, disfrutando de la maravillosa composición de su estructura y la magia de cada movimiento. Al realizar una sesión individual, dejaremos que ésta se convierta en nuestro espacio, sin cabida para preocupaciones ni problemas ni para pensar en nada más, un tiempo de estar con nosotros mismos en cuerpo y alma. Cuando realicemos los ejercicios, centraremos la mente, sintiendo y visualizando la zona que estamos trabajando, conectando la respiración, sin dejar nada al azar ni distraernos, permaneciendo atentos y a la escucha de lo que sucede en nuestro organismo y disfrutando de este instante en que estamos aquí, vivos y saludables.

PRECISIÓN

Tanto la postura corporal como la ejecución requieren de un máximo de precisión. Imaginemos que lo que estamos usando es una máquina de ingeniería perfecta, y que todo debe estar perfectamente vigilado, conectado y sincronizado. Vemos que el cuerpo humano es realmente una maravilla de la ciencia, todo está pensado, como en un reloj suizo, en que cada pieza está ajustada y perfectamente en armonía con todas las demás. Pero a nosotros no nos han dado el libro de instrucciones de nuestro cuerpo con las herramientas de cómo utilizarlo correctamente ni de su propio mantenimiento.
Este libro de técnicas de Pilates, como otras disciplinas corporales y mentales, nos ayuda a entendernos un poco mejor, y a, por lo pronto, intentar corregir pequeños errores para mantenernos un poco más saludables, y comprendernos algo más. Debemos introducir en nuestra manera de ejecutar las acciones un máximo de precisión.

CONTROL

Esta concentración constante a lo largo de la práctica nos lleva a un control del cuerpo y del movimiento que nos hará dirigir cada acción, cada postura corporal, con un máximo de precisión, para progresivamente obtener un dominio del cuerpo y la mente más profundo. La conciencia corporal es fundamental. El control trata de que en todo momento de la técnica estemos vigilantes, dirigiendo en cada ejercicio toda nuestra atención a lo que estamos realizando, conectando todas las partes del cuerpo entre sí, notando la zona específica donde se está realizando una mayor actividad, educando a la respiración para que esté presente en cada instante, no permitiendo que las zonas que puedan sufrir sobrecarga estén desalineadas. Lo que intentamos ofrecer con este sistema es que a diferencia de otras técnicas de Fitness en que se aíslan grupos musculares para trabajarlos independientemente, en Pilates se usa todo el cuerpo a la hora de realizar los ejercicios, y todos los movimientos están dirigidos desde el centro.

Todo nuestro cuerpo estará unido para sostener y hacer cada postura, para que en los ejercicios más avanzados, en los que tendremos que hacer uso de toda esta contrología, unifiquemos toda la musculatura del cuerpo con la respiración para que podamos realizar y mantener el ejercicio con menor esfuerzo y sin sobrecargarnos. Se trata de que el beneficio de cada uno de los ejercicios se reparta con una tonificación armoniosa. Las personas que realizan actividades como danza, gimnasia deportiva, artes marciales, acróbatas de circo, etc., son conscientes de que el cuerpo es una unidad que debe trabajar en constante armonía y que todo el cuerpo se debe involucrar cuando realizamos una acción.

Es la mente vigilante la que organiza y manda una orden para que todos se pongan a trabajar en grupo y de manera conjunta puedan realizar hasta el más difícil de los movimientos. Con una máxima precisión y dominio de todo el acto en sí. El concepto de control aplicado a los movimientos se ve reflejado en cada acción. Cómo subimos a una postura, por ejemplo el rodar hacia delante, suave vértebra a vértebra, o cómo bajamos de igual modo. También cuando estamos realizando un ejercicio y vamos a parar, para cambiar a otro, o por qué decidimos dejarlo al no resistir más, cuando nunca soltaremos el cuerpo de golpe por muy agotados que estemos, sino que bajaremos con control. Si

La contrología consiste en poner todos nuestros sentidos en lo que estamos haciendo para ejecutar los conocimientos con mayor precisión.

FAJA ABDOMINAL
O «MANSIÓN
DEL PODER»

Siempre
trabajaremos
evitando dejar los
abdominales
flácidos, tanto en la
práctica de Pilates
como en la vida
cotidiana.

soltamos el cuerpo de golpe, cuando la musculatura nos está protegiendo en su esfuerzo de trabajo, quitamos esta sujeción y nos desplomamos, con lo que las articulaciones y músculos pueden sufrir. Es en estos casos donde muchas veces aparecen las lesiones en el deporte y en acciones cotidianas. Sujetemos el cuerpo hasta que no haya peligro, y después podremos relajarnos. Esto, como los demás conceptos del método, lo entenderemos realizando la práctica real.

EL CENTRO

Del centro del cuerpo parten todos los movimientos. Al pensar que desde esta zona anatómica todo se genera, hay que pensar de igual forma que debe estar totalmente fuerte, protegida y correctamente colocada en todo momento. Por eso en el método Pilates se realiza un trabajo muy intenso para fortalecer y tonificar lo que Joseph H. Pilates denominó como *Powerhouse* («mansión del poder»), y a partir de este centro fortalecemos todo el cuerpo. Nosotros lo nombramos como centro energético o núcleo.

Así al realizar cualquier ejercicio, ya sea del método o de cualquier actividad cotidiana, mantendremos nuestra faja anatómica fuerte y activa. Por ejemplo, al levantar o coger un peso, antes contraeremos la zona central y aseguraremos que esté en una posición correcta para no dañarla ni forzar la zona lumbar. Y al realizar cualquier movimiento, ya sea andar, correr, bailar, nadar, etc., proyectaremos las piernas y los brazos desde el centro. Cuando en Pilates se dice que mantengamos el centro activo, quiere decir que esta zona esté fuerte, alineada y tonificada, y nunca haremos un ejercicio con la tripa relajada, con el ombligo fuera, ni con los abdominales flácidos o pasivos.

Para aprender a activar y conectar los tres centros alineando el eje vertebral debemos buscar en el capítulo 4, donde se dan las pautas para ejecutar con precisión este

concepto. Así, comprenderemos lo que es el pilar central de todo el proceso, construyendo los cimientos de nuestra estructura y nuestro trabajo corporal.

LA MANSIÓN DEL PODER O *POWERHOUSE*

Este centro comprende la franja anatómica llamada también caja abdominal y que está delimitada de este modo: por abajo, por el suelo pélvico; detrás, por la parte baja de la espalda, glúteos y parte alta de las piernas (isquiotibiales); delante y a los lados los músculos abdominales, y arriba, por el diafragma. Cuando hablamos de crear un cinturón de fuerza, como una faja anatómica bien fuerte, estamos refiriéndonos a tonificar y fortalecer desde los músculos más profundos a los más externos como son, entre otros: el Psoas-ilíaco, el pubococcígeo, el transverso abdominal, el oblicuo menor o interno abdominal, el cuadrado lumbar, el diafragma, los paravertebrales, el dorsal largo, el iliocostal o sacro lumbar, el glúteo mayor, el recto abdominal, el oblicuo externo, el piramidal, los obturadores de la cadera, etc.

Son un conjunto de músculos, tendones, ligamentos y fascias que dan forma a este centro anatómico. No se trata de que seamos doctores en medicina para practicar el método Pilates, sino de que seamos más conscientes de nuestro cuerpo, de cómo funciona y qué zonas o músculos están trabajando más en un momento dado. Por esto aconsejamos tener un atlas de anatomía o algún libro similar para el movimiento, que a modo de consulta nos pueda ayudar a comprender mejor el ejercicio, y que al mismo tiempo sea una ayuda, para poder sentir y visualizar nuestro cuerpo de una forma más concreta.

El llamado «músculo de la risa» no es otro que el que conocemos como transverso abdominal. Con el método Pilates podemos aprender a tonificarlo.

EL MÚSCULO DE LA RISA

De los músculos internos somos menos conscientes, como por ejemplo de este músculo abdominal transverso que notamos cuando nos reímos, tosemos o estornudamos con esfuerzo. Este músculo tiene función respiratoria y de estabilidad en la zona media, sujeta como una faja anatómica real, reduciendo el diámetro en la región abdominal. Con los ejercicios del método Pilates lo trabajamos desde el primer movimiento de la tabla clásica, el *Hundred* (el «cien»).

Cuando inspiramos y dejamos que el diafragma descienda, permanece sujeta la zona abdominal, se expanden las costillas hacia los dos y hacia atrás, creando una cámara de presión con el suelo pélvico. Al espirar y contraer la zona abdominal hacia dentro y hacia arriba, estamos reforzando la columna, al tiempo que drenamos el cuerpo ayudando al retorno venoso, y la expulsión de toxinas y desechos movilizando la linfa, como se dijo anteriormente sobre la idea de exprimir una esponja.

Como si lleváramos un corsé ajustado, este cinturón nos asegura y protege y evita que sobrecarguemos la espalda. Si probamos a realizar cualquier acción pensando en que el movimiento sale desde la «mansión del poder», nos daremos cuenta de que es el centro de potencia y energía, desde aquí nos proyectamos, asentamos y conseguimos un mejor enraizamiento en la tierra. El centro de energía es el núcleo del cuerpo, controla todo, es nuestro sostén y nuestro foco desde donde movernos y enraizarnos. Es el punto de equilibrio y el lugar de recogimiento.

No dejemos de pensar en esto al realizar los ejercicios de Pilates: desde el centro, que también llamaremos «accionar el ombligo», mantendremos los abdominales activos como base de todo el sistema. Unido a la corrección postural, los ejes, la respiración, etc.

tenemos un sistema muy correcto, aplicable a cualquier actividad. Poco a poco probaremos a trasladarlo a la vida diaria, en cualquier momento, en cualquier lugar, y nos daremos cuenta de que puede hacerse Pilates conduciendo, andando, hablando, etc. simplemente con el hecho de respirar de la forma descrita ya estamos tonificando la zona abdominal y logrando una figura más esbelta, una espalda protegida y un mejor equilibrio, con una nueva sensación de energía, por lo que os animamos a que lo probéis y descubráis sus secretos.

EL PSOAS Y EL PERINÉ

Dos grupos musculares de importancia vital. Son parte del conjunto o colectivo que conforma la faja anatómica, la «mansión del poder».

PSOAS

Los grupos musculares del psoas y el periné son especialmente importantes en la fisiología de la mujer.

En Pilates se realizan muchos ejercicios donde se ve implicado el psoas, dándole una gran importancia y tratándolo como grupo muscular. Es una compleja trama que une la parte superior del cuerpo con la inferior. Este grupo consta de dos segmentos en su nacimiento, desde la 12.ª vértebra dorsal hasta las vértebras lumbares, uniéndose al tendón del músculo diafragma y a parte del transverso abdominal, por lo que está relacionado con la respiración. Pasa por la zona inguinal, desciende por encima atravesando la pelvis y termina en el trocánter menor, parte anterior interna del fémur, uniéndose en su camino con el músculo ilíaco, por esto es denominado psoas-ilíaco.

Junto con otros músculos circundantes como el piramidal, los ligamentos de la cadera y el sacro, por debajo con los músculos del perineo, el diafragma pélvico y genital, además de otros que conforman en sí esa faja anatómica, como abdominales, glúteos, etc., se une por la trama de fascias que envuelven y conectan el cuerpo. Su desequilibrio, acortamiento o debilidad es causa de múltiples debilidades, como por ejemplo muchos de los problemas de espalda y seguramente si habéis padecido problemas de este tipo, vuestro terapeuta os habrá hablado de ello. Su manipulación y desbloqueo es complicado por ser músculos internos de difícil acceso.

El psoas repercute no sólo en la postura, sino también en una mala respiración y viceversa. Su acortamiento limita nuestros movimientos. Para fortalecer y desbloquear el psoas tendremos que hacer ejercicios y estiramientos precisos.

PERINÉ

Este grupo denominado perineo o suelo pélvico es la base del cuenco anatómico. Como punto físico se le denomina así al espacio entre los genitales y el ano. Lo comprende un conjunto de músculos que dividimos en perineo profundo y superficial. El diafragma pélvico forma una hamaca donde se sostienen los órganos pélvicos, como la vejiga, el útero y el recto. El diafragma urogenital se define como plano más superficial de músculos que controlan los esfínteres. Ésta es una zona anatómica que la mujer vive con mayor intensidad gracias al embarazo, el periodo y la sexualidad. Pero tanto la mujer como el hombre deben tomar conciencia de ello, manteniéndola tonificada. Cada vez más hombres sufren problemas relacionados con la zona, como impotencia, problemas de próstata, etc. La mujer que desea el embarazo debe tonificar el perineo antes y durante el embarazo, porque facilita el parto y sobre todo los problemas del posparto, mejorando la recuperación de la zona y rehabilitando esta musculatura para evitar síntomas posteriores como pérdidas de orina. Para ambos, mantener una tonificación, haciendo gimnasia de perineo, repercute en una buena salud sexual, además de facilitar y estimular las funciones fisiológicas.

VISUALIZACIÓN

Al realizar los ejercicios y posturas vamos a incluir una serie de imágenes que tienen como objetivo facilitarnos el trabajo. No sólo se trata de tener una imagen interior de lo que acontece en nuestro cuerpo y de las zonas involucradas al hacer los movimientos, sino de usar objetos visuales. A la hora de, por ejemplo, mantener las piernas elevadas, pues pensaremos en que unos cables las sujetan: esto, que puede parecer un concepto del que podemos prescindir, si lo incluimos en nuestro entrenamiento descubrimos que la mente tiene mucho poder y que estas imágenes se convierten en ayudas adicionales que nos hacen evolucionar y progresar en el nivel de ejecución, además de ofrecernos una mayor concentración que como hemos dicho anteriormente necesitamos para realizar con precisión, control y relajación todo el programa.

Aconsejamos, no sólo para la práctica de este método, sino para cualquier persona que esté interesada en comprenderse un poco mejor, que tenga a mano un atlas de anatomía y que observe todas las estructuras físicas, lo que le dará una mejor comprensión del ejercicio, además de recurrir a esas fotos o dibujos anatómicos a la hora de visualizarlos. Si por ejemplo nos cuesta mucho una postura o no llegamos por falta de elasticidad o por el impedimento de una lesión, usaremos la mente para visualizarnos realizándola correctamente, proyectando esa imagen de cómo queremos hacerla. Esto provoca una reacción positiva y beneficiosa para el desarrollo de la sesión. Cada uno puede usar su propia imaginación para incluir todo tipo de objetos y ayudas que le puedan servir de apoyo al practicar. La creatividad mental es también una gimnasia que, desarrollada continuamente, favorece una buena salud de nuestro cerebro y del sistema nervioso.

MEMORIZACIÓN

Otro concepto que queremos incluir en este libro es el uso de la memoria para recordar, no sólo las pautas y bases del método para una mejor ejecución, sino para intentar recordar las tablas de ejercicios que se dan en el libro, para poder hacerlas de manera continua hilándolas una detrás de otra, como si de una coreografía se tratase, lo que

Concentrándonos en lo que hacemos podemos visualizar con la mente cómo queremos hacer el ejercicio, ayudando así a que se haga del modo correcto.

Filosofía y espíritu del sistema

desemboca en una práctica fluida y armónica, y ayuda a no distraernos durante la sesión. Podremos configurar más adelante nuestra propia tabla con las secuencias de ejercicios que deseemos o que respondan a nuestras necesidades, pero sólo cuando tengamos una cierta práctica y nivel podremos adecuar el programa a nuestras pretensiones. Este acto de memorizar es también una gimnasia mental muy positiva.

APTITUD Y ACTITUD

Si aplicamos todo lo dicho y tomamos una actitud de mejorar constantemente, de superarnos en cada sesión, la práctica se convertirá en un proceso de evolución y no nos debemos conformar, sino buscar más allá, luchando contra la pereza y la comodidad, impidiendo el estancamiento que no sólo se desarrolla en el plano físico, sino en el psicológico y energético. Este afán de superación es de una gran satisfacción y observar el proceso y progreso de cómo nuestro cuerpo cambia a lo largo de un tiempo realizando el método, es algo que no debemos olvidar pues nos estaremos perdiendo la belleza del movimiento y de nuestra propia marcha y mejora. Pero esta actitud debe ir de la mano de la paciencia, pues hemos de evitar querer obtener resultados demasiado deprisa. Todo llegará, dejemos que el cuerpo vaya encontrando su camino, cada persona es única y tiene su proceso. Así que esta superación debe ser progresiva, de forma suave, sin compararnos con nadie, cada cual tiene su ritmo y su estructura anatómica.

Y no nos olvidemos de la condición de cada instante y de cada acto que nos ha de llevar a una actitud y un talante de búsqueda de la calidad en detrimento de la cantidad, y que sólo si se aumenta la calidad del ejercicio se podrá aumentar la cantidad del mismo. Estos dos conceptos, aptitud y actitud, nos ofrecen una forma de entender la sesión, el ejercicio, no como una aburrida y tediosa obligación que nos imponemos para estar mejor, sino en una parte de nuestra vida que nos enriquece y ofrece una agradable forma de ser y estar más en armonía con nosotros y con los demás y que no tiene por qué ser pesada ni fastidiosa, sino alegre y apetecible.

«Una actitud beligerante contra la pereza y el estancamiento, y a favor de la continua superación, al tiempo que una actitud objetiva y paciente por la práctica cualitativa de nuestro trabajo, son unos buenos compañeros de viaje».

ESTAMPACIÓN Y ESTABILIZACIÓN

La estampación es un concepto que se usa en Pilates, que lo entendemos como dar peso y colocación al cuerpo, lo que proporciona una estabilización corporal. Imaginemos, al tumbarnos en la arena de la playa, cómo se marca nuestra figura, o el cemento blando, que al imprimir una simple presión dejará marcada nuestra huella. Es la idea de

inmortalizar nuestra silueta. Pues bien, pensaremos en ello en cada postura y así la parte anatómica en contacto con el suelo quedará estampada. Probaremos esta imagen en la primera posición, que es la postura de relajación o básica, y a lo largo de los diferentes ejercicios incluiremos esta premisa como medio de asegurarnos la correcta colocación, así como haciendo uso de la imaginación, visualizándonos y tomando conciencia de la postura correcta.

La sensación de peso y de la estampación de la huella es también una ayuda para mantener aseguradas y fijas las partes del cuerpo que queremos dejar inmóviles para realizar ciertos ejercicios. Con la idea de imprimir, por ejemplo en el ejercicio de elevación de la pelvis, debemos sentir cómo nuestra columna y sacro van dejando su huella en la colchoneta tanto al subir como al descender. Este concepto lo entenderemos bien a lo largo de la práctica, es muy útil y no debemos olvidarlo.

El concepto de estampación del cuerpo en el suelo es como el de dejar nuestra huella marcada en la arena de la playa.

FLUIDEZ DE MOVIMIENTO Y COMPENSACIÓN

FLUIDEZ

Cuando realizamos las tablas de ejercicios al comienzo, dado que no hemos memorizado aún, paramos mucho para corregir o para escuchar aquello con lo que el profesor nos está asesorando. Progresivamente vamos aprendiendo las secuencias, y entendiendo las pautas de cada ejercicio. Ésta nos va dando fluidez. La idea es que vaya siendo una sesión dinámica, donde no hay pausa entre posturas, es como una coreografía de principio a fin, un hilo que hemos de evitar romper. De un ejercicio pasamos a otro sin interrupción, sin perder la concentración ni el ritmo. Hasta en las posturas que en principio pueden parecer estáticas, como una postura de descanso, las posiciones básicas, los estiramientos, etc., siempre estamos haciendo algo: respiraciones activas, correcciones posturales, estiramientos en oposición, etc. Esto nos mantiene atentos, vigilantes, unificando la mente con el movimiento. Así se convierte en una sesión donde cuerpo, mente y espíritu son uno. Realmente es una meditación en movimiento.

COMPENSACIÓN

Este concepto se utiliza en las técnicas y secuencias en una sesión de Yoga, Chi kung, etc., que son técnicas orientales en busca del equilibrio. Dentro de la secuencia y la tabla que estemos realizando, hacemos estiramientos al comienzo para precalentar el cuerpo, después vamos intercalando estiramientos que compensan y desbloquean el trabajo corporal concreto y al final de la serie estiramos para soltar y relajar. Algunos ejercicios que proponemos, como el fuelle, el estiramiento completo, las posturas de descanso y los estiramientos precisos son también parte de la secuencia completa. Realmente no paramos entre ejercicios para quedarnos en una posición estática, sino que realizamos un estiramiento dinámico para equilibrar y recuperar el músculo evitando que se sobrecargue, armonizando la respiración para prepararnos ante el ejercicio siguiente. Al final de la sesión se relaja y recoloca el cuerpo. Aunque hayamos trabajado duro, si vamos estirando y relajando al final, sentiremos mayor avance y aliviaremos los tirones, agujetas y calambres.

03 CONSEJOS PARA COMENZAR

Ahora que ya conocemos las bases del sistema, vamos a comenzar con la práctica real, y para ello debemos acondicionar el lugar de trabajo. Intentaremos que sea un lugar tranquilo, si lo deseamos podemos poner música suave para dar calidez y concentración, pero evitando un volumen alto. Hay personas que usan incienso y cosas parecidas, pero no es aconsejable, pues si estamos realizando un ejercicio físico y respiratorio, cuanto mejor sea la calidad del aire y menos viciado esté, mejor. Para el suelo, si usamos una colchoneta, será lo bastante dura, nada de gruesas y muy acolchadas, debemos sentir perfectamente la base y nuestros apoyos, ya sea la columna, como las demás partes del cuerpo que den estabilidad, recordando la estampación. Utilizaremos una colchoneta u otra clase de esterilla antideslizante, que amortigua un poco y protege del contacto frío del suelo.

Hay que tener a mano los elementos que vamos a utilizar, como un cojín o toalla doblada si fuese necesario, la banda elástica, las pelotas, el círculo mágico, etc. Todos estos elementos nos pueden ayudar a corregir errores, a mejorar los ejercicios y más adelante a dificultar el nivel de práctica, y pueden dar mucho juego cuando tenemos un cierto nivel y comprensión del método.

La banda elástica tiene distintas elasticidades, grosores y durezas según el color, la marca y la gama. Usaremos una dureza media.

Tengamos en cuenta ahora qué son y cómo son los elementos y útiles que necesitaremos tener cerca durante la sesión, ya sea para hacerla más variada y divertida, como para subir en dificultad los ejercicios. Estos son, en detalle, algunos de los utensilios que vamos a usar a lo largo de este manual para la práctica de Pilates.

LA BANDA ELÁSTICA

La banda elástica es un producto natural de látex de gran elasticidad y resistencia. Es un elemento muy práctico y utilizado tanto en Fisioterapia como en entrenamientos deportivos, se empezó a usar como el *Fitball* en la rehabilitación para recuperar lesiones y por sus excelentes resultados se incluyó en los entrenamientos como fortalecimiento y prevención. Su forma y condición parecida al funcionamiento de los músculos y tendones hacen de este instrumento un amigo indispensable en la práctica.

Tiene muchas ventajas:
- El tamaño, peso y precio es muy reducido, muy práctico a la hora de llevarlo consigo a cualquier parte. Existen, dependiendo de la marca, una gran variedad de grosores que se distinguen en colores, desde uno muy fino y ligero hasta el más grueso y fuerte. Esto facilita la adaptación a la persona y a la función que vamos a trabajar.
- La tonificación con la banda es rápida, pero sin sobrecargar las articulaciones, como pasa al trabajar con elementos rígidos y con peso.
- Desarrolla la musculatura y la resistencia, pero sin engrosar pesadamente. Proporciona fuerza y rapidez.
- Podemos adaptarla a cualquier ejercicio corporal, por lo que trabajamos a favor de los movimientos naturales del cuerpo.
- Para recuperar una lesión tiene efectos y resultados sorprendentes.
- Si deseamos mejorar, tanto la técnica como la fuerza y la resistencia en un ejercicio que hacemos en nuestra disciplina deportiva, trabajaremos el mismo movimiento con la banda y después probaremos los cambios realizados.
- Es un elemento muy interesante que tiene un efecto altamente beneficioso: recupera el tono muscular de una forma equilibrada y compensada, debido a su parecido con el funcionamiento interno de músculos y tendones, no provoca sobrecarga articular como cuando utilizamos los pesos rígidos y es utilizado en rehabilitación por sus buenos resultados.
- Hay diferentes durezas y resistencias, que dependen de la marca y tienen una gama muy variada. Utilizaremos una goma de dureza media, normalmente. Si tenemos una lesión o para personas de edad avanzada se utiliza la más blanda.
- Para quien ya tiene un buen tono muscular y quiere desarrollar más resistencia o aumentar su rendimiento técnico y deportivo, elegirá la gama media-alta.

FITBALL

Esta gran pelota se llama también pelota suiza
debido a que fue allí donde empezaron a
utilizar este elemento en la Fisioterapia. Por
sus características, proporciona una
inestabilidad que tiene varios efectos: la
propiocepción y coordinación motriz y el
fortalecimiento interno de pequeños grupos
musculares que son base de la musculatura
externa, además de ser un componente que
enriquece nuestra práctica y la hace variada y divertida. Además,
aumenta nuestro equilibrio y seguridad. Hoy en día muchas
disciplinas lo utilizan para perfeccionar el entrenamiento y variar los
programas deportivos. En el Pilates contemporáneo ha sido incluido
donde se aplican las técnicas y conceptos del método original
aplicados a este elemento.

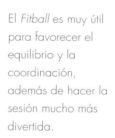

Lo primero es elegir el tamaño, ya que normalmente encontramos
varios tipos: hay balones de 55 cm, de 65 cm y de 75 cm. En
general, éstas son las medidas aunque hay marcas que tienen otras.
Para personas de altura baja y personas mayores, la medida de 55
cm suele ser la más aconsejada. Las de altura media usarán una de 65 cm, y para
personas altas, una de 75 cm.
Esto es sólo referencial, pues debemos probar sentándonos sobre él. El llenado debe ser
uniforme y al sentarnos nos debemos sentir seguros.

El *Fitball* es muy útil
para favorecer el
equilibrio y la
coordinación,
además de hacer la
sesión mucho más
divertida.

Sentados sobre el balón, la cadera deberá estar en la horizontal de las rodillas o bien algo
más alta. Es conveniente colocar el *Fitball* sobre una colchoneta o antideslizante para
evitar que resbale, procurando no tener cerca fuentes de calor o elementos punzantes
que puedan dañarlo.

OTROS ELEMENTOS

Si vamos a usar otros artilugios que incluiremos
en la práctica, los tendremos cerca para no
parar la dinámica de la sesión.

MAGIC CIRCLE O CÍRCULO MÁGICO
Este aparato creado por Joseph Pilates tiene un
efecto de fortalecimiento con movimientos
isométricos y en movimiento. Por su resistencia
a la presión, lo utilizamos tanto con las piernas
como con los brazos.

Las pelotas de distintos tamaños, los palos, una toalla o cojín, etc. también serán útiles en la práctica.

PELOTAS

De diferentes tamaños, por ejemplo pelotas pequeñas para colocarlas en ciertos puntos, masajear o relajar zonas concretas. Pelotas medianas que servirán para utilizar, como el círculo mágico, presionando y sujetando en ejercicios de coordinación como veremos más adelante en la sección práctica. En ocasiones utilizamos un palo, que podrá ser de 1´5 m de longitud más o menos.

TOALLA O COJÍN

Hay personas que tienen la necesidad de colocar un pequeño apoyo, por ejemplo debajo de la cabeza por padecer una posible rigidez cervical, o también debajo de la zona abdominal cuando hacemos ejercicios boca abajo para amortiguar la espalda, debido a problemas en esa zona o al molesto dolor lumbar. Se colocará entonces una toalla doblada o un cojín o almohada pequeña, para suavizar las posiciones donde tengamos dificultad, e incluso para hacer de alguno de los movimientos una práctica que nos resulte simplemente más cómoda, por ejemplo, a la hora de practicar la relajación, la meditación o los estiramientos.

CONSEJOS

El uso del espejo para comprobar si la postura es correcta nos ayudará en la ejecución de cada ejercicio.

Se puede colocar un espejo para poder comprobar si las posiciones son correctas, aconsejamos que primero nos coloquemos y sintamos la postura, y luego miremos al espejo para cerciorarnos de si lo que sentimos está unido a la realidad. La ropa debe ser cómoda, que no oprima, y sobre todo en la cintura para que no comprima la línea media, donde vamos a trabajar mucho y una mala circulación no es beneficiosa.

No necesitamos reloj ni pulseras, debemos quitarnos los collares y objetos que puedan molestarnos a la hora de hacer los movimientos, que deben ser naturales y fluidos, sin engancharnos con nada. Muy importante es que antes del ejercicio no hayamos comido recientemente, dejando de hora y media a dos horas de digestión, si no veremos cómo todo ese trabajo en el centro abdominal es bastante incómodo e incluso puede provocarnos náuseas o mareos.

Beberemos agua o líquidos antes y después del ejercicio porque es bueno rehidratarse, al igual que tomar fruta, zumos o bebidas isotónicas.

Debemos buscar y encontrar un momento del día para la sesión, que es muy recomendable por la mañana, y aunque no se tenga mucho tiempo, se pueden hacer tablas de ejercicios, más dinámicas, invirtiendo desde un cuarto de hora, 20 minutos o media hora y si disponemoss de una hora, será perfecto.
Cada persona encontrará un momento propicio para tener ese tiempo de estar con uno mismo, al final de la jornada nos quitará el estrés acumulado, descargará tensiones y recolocará nuestro cuerpo después de un día largo y trabajoso.

Encontremos ese tiempo para nosotros, incluyéndolo en la agenda y no prescindamos de él. Sabemos bien que la práctica individual, sin un profesor que nos motive y nos incite a movernos, a veces es difícil y la pereza se apodera de nosotros; por eso mismo si nos comprometemos con un horario, y lo fijamos, será mejor que esperar a tener un rato libre, porque siempre hay algo que hacer y en casa a veces tenemos muchas distracciones.

Es conveniente ir a clases donde aprender correctamente la técnica, cuando vamos aprendiendo podemos hacerlos por cuenta propia o con el apoyo de manuales como éste donde consultar las dudas o introducir conceptos. Es cuestión de hábito y perseverancia, hasta convertirse en un elemento más de nuestra vida, como ducharse, comer, etc. necesitamos el movimiento y el ejercicio físico tanto como el aire que respiramos.

Disfrutemos y experimentemos este sistema un tiempo para descubrir cambios no sólo físicos, sino mentales y energéticos. Por ello os invitamos a probarlo y deseamos que os sea útil, para este autor es todo un placer poder transmitir algo que le resulta tan beneficioso y forma parte de su vida, deseando que tengáis una buena experiencia y que vuestra salud mejore, lo que es la base de una buena calidad de vida.

¡Vamos a comenzar!

La rehidratación es siempre necesaria después de la sesión y se hará con agua, zumos o bebidas isotónicas.

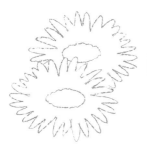

04 EJERCICIOS RESPIRATORIOS Y DE CORRECCIÓN POSTURAL

Los movimientos y posturas que iremos trabajando en este capítulo serán realizados paulatinamente, agregando nuevos ejercicios y con mayor dificultad progresiva. Si combinamos los ejercicios planteados en este libro con los del libro de Pilates clásico, notaremos cómo avanzamos y comprendemos mejor la técnica. Los primeros movimientos son preparatorios, donde hacemos un trabajo de corrección corporal, autoconciencia del cuerpo y técnica respiratoria, calentando el cuerpo para posteriormente comenzar con los ejercicios básicos. Intercalaremos algunos ejercicios de estiramiento durante la práctica y al final para compensar y equilibrar el trabajo físico, de tonificación y elasticidad.

Al principio no haremos toda la serie completa, sino que iremos incluyendo nuevos movimientos a lo largo de los meses de práctica regular. Se trata de ir tonificando progresivamente, y dando elasticidad poco a poco, evitando la impaciencia y las prisas que de nada valen, que sólo pueden producirnos sobrecargas y lesiones. Tengamos paciencia y veremos cómo el cuerpo nos sorprende. Escuchémoslo continuamente sin perder la concentración durante los ejercicios, manteniéndonos despiertos, al tiempo que relajados y vigilantes.

Comenzamos con las bases técnicas, donde ya hacemos ejercicios que serán fundamentales para la práctica correcta de los sucesivos movimientos y posturas del entrenamiento. Si dominamos las bases del sistema, podremos continuar y realizar los ejercicios más avanzados sin peligro de lesión recordando siempre dónde están nuestras limitaciones personales, y evitando los movimientos que sean perjudiciales para lesiones o patologías concretas. Para ello deberemos consultar y ser supervisados por el terapeuta y el monitor del método Pilates.

BASES Y TÉCNICAS DEL MÉTODO

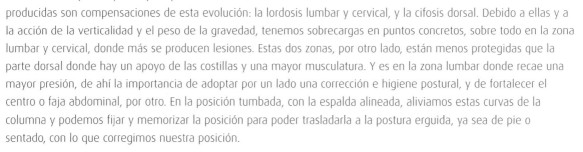

Según J. H. Pilates, se debe comenzar la práctica siempre en posición tumbada. El ser humano, al evolucionar y llegar a la posición erguida, produjo un cambio en su estructura, y la columna tuvo que adaptarse para poder caminar. Las curvas producidas son compensaciones de esta evolución: la lordosis lumbar y cervical, y la cifosis dorsal. Debido a ellas y a la acción de la verticalidad y el peso de la gravedad, tenemos sobrecargas en puntos concretos, sobre todo en la zona lumbar y cervical, donde más se producen lesiones. Estas dos zonas, por otro lado, están menos protegidas que la parte dorsal donde hay un apoyo de las costillas y una mayor musculatura. Y es en la zona lumbar donde recae una mayor presión, de ahí la importancia de adoptar por un lado una corrección e higiene postural, y de fortalecer el centro o faja abdominal, por otro. En la posición tumbada, con la espalda alineada, aliviamos estas curvas de la columna y podemos fijar y memorizar la posición para poder trasladarla a la postura erguida, ya sea de pie o sentado, con lo que corregimos nuestra posición.

Si la sesión del método Pilates comienza tumbado es por esta razón. Además, si la persona tuviese alguna lesión de espalda, por esta estabilización y fijación de la posición se pueden hacer ejercicios precisos que harán una rehabilitación correcta, sin peligro de lesión. Recordemos que este sistema fue creado con motivo de recuperar y rehabilitar, pero que utilizado frecuentemente tiene un efecto de prevención. Usaremos esta posición al principio de la sesión, pero también como intervalo entre alguna de las secuencias de movimientos, para reajustar y respirar, así como al final si lo deseamos para relajarnos. Es una posición que se puede trabajar independientemente como alineamiento, relajación de la espalda, postura de meditación, etc. La colchoneta debe ser lo bastante dura, para no hundirnos ni perder la sensación de contacto y estampación, además de darnos estabilidad, evitando que el frío dañe los riñones y la espalda. Algo demasiado blando y grueso no ayuda, sino que, al contrario, entorpece la práctica correcta.

Partimos de la posición básica, donde tomamos conciencia corporal, realizamos correcciones, trabajamos la técnica respiratoria e iniciamos los primeros ejercicios de la tabla.

01. TUMBADOS

Nos colocamos en la colchoneta, con los pies paralelos cerca del cuerpo, separados entre sí el ancho de la cadera, alineados con los isquiones y con las rodillas también paralelas.

02. ESTIRAMIENTO

Bajamos la espalda desde el sacro, vértebra a vértebra, conectando la columna con el suelo, cuando llegamos a la zona cervical apoyaremos la nuca con el mentón un poco hacia dentro. Estiramos y alineamos la columna desde el cóccix hasta la coronilla. Las personas con rigidez cervical pueden colocar una almohada o toalla doblada bajo la cabeza.

03. RESPIRACIÓN

Realizamos unas cuantas respiraciones profundas, exhalando y aflojando tensiones. Podemos cerrar los ojos, para que la mente se relaje y se centre, evitando dispersarse o adormecerse. Después, para los ejercicios, abriremos los ojos, manteniéndonos relajados pero atentos. Se trata de sentir, observar y visualizar el cuerpo, la posición, los puntos de apoyo, la sensación corpórea y el ritmo cardiaco y respiratorio.

CORREGIR LOS TRES CENTROS

01. PREPARACIÓN

Una vez que dominamos la posición básica, donde tomamos conciencia corpórea y aflojamos tensiones con algunas respiraciones profundas, pasamos a realizar pequeños movimientos de corrección donde ya aplicamos la respiración, la concentración y la precisión.

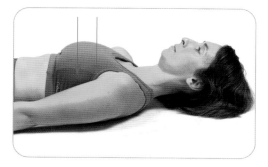

02. PRIMER CENTRO

• LOCALIZACIÓN

Empezamos a sentir y corregir el primer centro energético o núcleo central que está situado en la zona anatómica, comprendida entre la cadera, la zona lumbar, sacro, pelvis, suelo pélvico, pared abdominal interna, externa y lateral. Imaginamos el cuerpo, y las partes de este centro, visualizando los huesos, músculos e incluso órganos de la zona anatómica. También podemos utilizar imágenes abstractas o ficticias, que nos ayuden a concentrarnos y sentir mejor el interior, por ejemplo imaginar que la cadera es un cuenco con agua, o que el centro energético es un balón con paredes resistentes y que respira a nuestro ritmo. Con cada parte anatómica, y al realizar los movimientos, podemos incluir estas imágenes, que nos ayudarán a concentrarnos.

• BASCULACIÓN DE LA PELVIS

Comenzamos un pequeño movimiento, que trata de bascular la pelvis. Al inspirar, pensamos en arquear suavemente la zona lumbar, la punta del cóccix rueda hacia atrás y la pelvis se mueve en anteversión. El movimiento debe ser ligero y controlado, sin forzar la espalda.

• RETROVERSIÓN DE LA PELVIS

Al exhalar, el cóccix empuja hacia arriba, pero sin levantar el sacro, la curva lumbar desaparece empujando ligeramente las lumbares hacia el suelo, con la pelvis en retroversión y el ombligo se hunde. Realizamos unas seis respiraciones y, progresivamente, vamos encontrando la posición neutral.

03. LA POSICIÓN NEUTRAL

La columna neutra es uno de los conceptos del vocabulario de Pilates. Esta posición, técnicamente hablando, es la colocación de la cadera en que la pelvis y la espina ilíaca antero superior (EIAS), están en el mismo plano, al

tiempo que la curva lumbar está suavemente estirada. Podemos sentir esta zona colocando las manos, para sentir con los dedos el punto de la pelvis, y las crestas anteriores de la cadera. La parte inferior de la espalda, donde las lumbares están alineadas manteniendo la curva natural, que por la posición queda suavemente estirada. Si colocásemos un cuenco lleno de agua hasta el borde, entre la pelvis y el ombligo, el agua se derramará si arqueamos un poco la curva lumbar (anteversión de la pelvis), de igual modo si basculamos excesivamente en retroversión, incluso levantando el cóccix, el agua se verterá hacia el ombligo. La posición neutral será el equilibrio entre ambas.

RECUERDA

Posición errónea

- Las personas con rectificación lumbar, en posición básica y sin ningún esfuerzo ni movimiento: su espalda tocará el suelo.
- Las personas con hiperlordosis sentirán demasiado espacio entre la colchoneta y sus lumbares.

Durante la práctica de los ejercicios, hay que evitar que se mueva y que no bascule la pelvis.

Si notamos que no tenemos suficiente, utilizaremos la retroversión, apoyando las lumbares para protegerlas, incluso al principio podemos ayudarnos de la acción de los glúteos al meter el cóccix, esto evitará el arqueo y el tirón lumbar.

Posición correcta

Esta acción de apoyar las lumbares se denomina en algunas escuelas de Pilates *imprint*.

Sólo usaremos este apoyo como protección y cuando lo necesitemos realmente.

04. LA BASE DEL *POWERHOUSE*

La zona anatómica denominada perineo o suelo pélvico está comprendida por una serie de músculos, como el diafragma pélvico y urogenital, que son el apoyo anatómico, y cuando hacemos los ejercicios iremos aplicando su función. Se trata de que cuando realizamos la inspiración, mantengamos con tono suave toda esta musculatura, evitando que quede flácida, y cuando espiramos y tiramos hacia dentro del ombligo accionando los abdominales, contraemos el perineo haciendo una elevación controlada. La musculatura del suelo pélvico con la musculatura abdominal son antagonistas de la musculatura lumbar. Por eso su trabajo y fortalecimiento protege nuestra espalda.

05. POSICIÓN PILATES PARA LAS PIERNAS

La pierna está estirada, tonificada y suavemente rotada. De esta manera la controlamos mejor, pesa menos y la cadera es más estable, evitando el esfuerzo lumbar y la pérdida de la posición neutral.

Cuando decimos en muchos ejercicios de Pilates que la pierna ha de estar estirada, lo que se quiere decir es que alarguemos, creando una línea recta, desde la cadera hasta la punta del pie; desde la raíz del muslo vamos a ejercer una leve rotación externa y estiramos la articulación de la rodilla hasta el empeine sin exagerar ni forzar.

Cuando las piernas estén juntas vamos a realizar la misma acción, juntando los muslos y conectando los talones, con la rotación suave externa desde la cadera y los pies estirados en «V».

Esta acción libera el psoas, descargando tensión hacia la zona lumbar, trabaja los glúteos, la cara interna y externa del muslo y la cadera. Al mismo tiempo, nos da seguridad y control en el ejercicio, dando estabilidad a la pelvis, una pierna semidoblada pesa mucho más y no la dominamos. Por otro lado, no debemos rotar excesivamente, pues si hacemos una fuerza excesiva al rotarla o estirarla estaremos bloqueando y acortando otras zonas. Controlaremos todos los ejercicios desde el centro energético, pero las otras partes implicadas estarán estiradas y tonificadas para ayudar a dominar el movimiento.

Al comenzar la práctica de Pilates, muchas posturas las realizamos con las piernas dobladas o semiflexionadas para facilitar los ejercicios, como la pequeña flexión abdominal, o rodar atrás, etc., cuando nuestro centro abdominal no tiene suficiente fuerza. Progresivamente, las piernas se estiran en posición Pilates, que descubriremos por esta rotación con la que anclamos las piernas al suelo y estabilizamos la cadera. La espalda puede imprimirse al subir y bajar, siempre ayudada de la acción activa de la musculatura de todo el centro abdominal, con lo que sentiremos un mayor control de los movimientos, que por supuesto están dirigidos y apoyados con la respiración y fuerza del centro energético abdominal.

06. SEGUNDO CENTRO

• LOCALIZACIÓN

El segundo *Powerhouse* en Pilates es la zona comprendida entre el pecho, los hombros y la parte alta de la espalda involucrando a las costillas, el esternón, las clavículas, la articulación del hombro, los omóplatos y la columna dorsal con toda la musculatura que la sostiene y rodea. Sentiremos y visualizaremos todo este grupo de huesos, la musculatura que la sujeta, el diafragma e incluso los órganos internos (pulmones y corazón).

• ROTACIÓN DE HOMBROS

Con un pequeño movimiento, vamos a tomar conciencia para colocar y desbloquear esta zona. Se trata de rotar los hombros suavemente hacia atrás mientras inspiramos, evitando encogerlos hacia el cuello.

• VISUALIZACIÓN

Al espirar, tratamos de hundir los hombros, tirando y sintiendo desde el pico inferior del omóplato como si quisiésemos unirlo con la cadera. Visualizamos una goma que mantiene conectada la escápula con la cresta de la cadera a modo de tirantes. Esta acción la repetiremos durante la práctica, y si a lo largo del día realizamos esta corrección, evitaremos esa acumulación de tensión en la zona superior, debida a la contracción, elevación de hombros y rotación anterior. Es una mala postura que adoptamos sin darnos cuenta y que, por la concentración mental y las preocupaciones, tendemos a encoger.

Posición errónea   Posición correcta

• CORRECCIÓN DE LA CAJA SUPERIOR

Ahora sentiremos el pecho, respiraremos sacando el pecho, notaremos cómo el esternón sube con las costillas y la zona dorsal se quiere arquear, incluso los hombros quieren subir. Pues bien, esta acción que solemos hacer al respirar de forma incorrecta, precisamente congestiona la zona dorsal entre omóplatos y hombros.

Intentaremos inspirar sin que el pecho se levante, llevando la expansión respiratoria hacia abajo y hacia la espalda, como si tuviésemos un peso encima del esternón que evita que éste suba.

Posición errónea

Posición correcta

Un poco más adelante, trabajaremos esta corrección con la técnica respiratoria. Esta pauta se aplica tanto a la respiración como al movimiento.

07. TERCER CENTRO

Es muy conveniente trabajar correctamente la zona de la cabeza, el cuello y las vértebras cervicales, y hacer ejercicios regularmente, así como practicar la corrección postural, dado que es una parte débil que habitualmente se ve afectada.

Inspiraremos mientras la cabeza va hacia atrás, la barbilla subirá mientras la nuca se encoge ligeramente sin forzar, notando un suave estiramiento de la garganta.

Espiraremos y hundiremos el mentón hacia el cuello, notando el estiramiento de la nuca. Realizaremos de tres a seis movimientos hasta encontrar la posición neutral del cuello.

RECUERDA

Al igual que con la zona lumbar, hay personas que tienen demasiada tensión en esta parte y al tumbarse, la cabeza queda hacia atrás. Podemos usar un cojín o toalla doblada que rectifique nuestra posición. Con el tiempo y los ejercicios diarios se suaviza esta curva y encontramos la postura natural sin usar elementos.

- Si mantenemos la posición, con el mentón un poco hacia dentro, la nuca estirada y el cuello en posición neutral, no nos haremos daño, y poco a poco se irá fortaleciendo y ya no molestará.
- En las primeras sesiones, si hay debilidad y demasiada tensión no elevaremos la cabeza en los ejercicios de flexión.
- A personas que padezcan algún tipo de lesión (como un esguince cervical, protusión o hernia discal a nivel de las vértebras cervicales), o las personas de edad avanzada con osteoporosis severa evitarán la flexión y elevación.

Posición errónea

Posición correcta

TÉCNICA RESPIRATORIA DE PILATES

01. TIPOS

Ahora aprenderemos a trabajar la respiración de la forma que este método requiere y que nos ayudará a la hora de sentir y dominar este acto cotidiano y que representa el pilar central del ejercicio físico. La respiración abdominal es la más recomendable para que funcione correctamente el organismo, además de proporcionarnos una buena oxigenación y relajación a nivel del sistema nervioso. En el método Pilates se aplica la respiración profunda (diafragmática), sólo que, a diferencia de otras disciplinas, las costillas se expanden hacia los lados y atrás, proporcionando el ensanchamiento y aprovechamiento de la parte baja de los pulmones, y nuestros abdominales están activos, evitando que el vientre sobresalga.

Este estómago liso o *Powerhouse* activo en Pilates se realiza constantemente, para tonificar la faja anatómica y proteger la zona lumbar. Al tiempo que el suelo pélvico está activo, el diafragma pélvico también se utiliza. La espiración se realiza con una buena contracción abdominal, tirando del ombligo hacia la columna, abrochando la cremallera natural (abdominal inferior) y elevando el perineo. En la postura básica tenemos una mejor conciencia y control, facilitándonos la colocación y la observación de la técnica respiratoria, pero poco a poco intentaremos realizar la técnica respiratoria con la corrección postural, en cualquier posición: sentado, de pie, o en movimiento, por ejemplo al caminar, bailando, nadando, etc.

02. POSICIÓN INICIAL

Colocamos las manos a los lados de las costillas, manteniendo los hombros y los codos hacia abajo y relajados.

03. INTERIORIZACIÓN

Sentimos la forma y el ritmo que tenemos al respirar en este mismo instante. Sin modificar la respiración, sólo observamos cómo respiramos y nuestro ritmo natural, tomándonos tiempo. Realizamos varias respiraciones profundas y exhalamos vaciando por completo, esto nos ayuda a relajarnos un momento y a prepararnos para el ejercicio, activando la respiración. Al exhalar, soltamos las tensiones y el estrés acumulado.

Nos relajamos, pero sin dormirnos ni dejar que la mente se distraiga o disperse, es una mirada interior, una tranquila pero atenta búsqueda de la marea interior, observando el aire que entra y vuelve a salir, como si estuviéramos en la playa escuchando las olas del mar, un sonido constante e interminable, que es nuestra respiración, escuchando las pulsaciones del corazón, y sintiendo todo el interior vivo y en calma.

Podemos cerrar los ojos, tomando conciencia del cuerpo, del peso, y la estampación o huella que dejan las partes en contacto con la tierra, ya sean los pies, la espalda, la cabeza, visualizando la columna, conectando con la zona central: las costillas, el pecho y el esternón, las clavículas, los hombros, el rostro, la mandíbula y el entrecejo. Iremos quitando tensión allá donde encontremos rigidez, aflojando y soltando cada zona. Para ello, tomamos y echamos el aire varias veces, aprovechando la espiración para vaciar esa zona que deseamos liberar.

04. EJERCICIO RESPIRATORIO DE PILATES

• INSPIRACIÓN

Con la palma de las manos en las costillas y sintiendo con la punta de los dedos el esternón, ajustamos como si fuese un corsé con una suave presión hacia dentro del talón de la mano sobre los flancos. Inspiramos, procurando que el pecho no se levante y que ni el esternón ni las costillas suban, sino que las costillas se expandan empujando las palmas hacia fuera y hacia abajo. La sensación de que la espalda se hincha, imaginando que llenamos un globo en el interior y que se dilata en todas direcciones, debemos notar cómo la espalda y la zona que está en contacto con el suelo toma más peso ejerciendo un empuje y un estiramiento de la columna al mismo tiempo que recibe un masaje como si quisiese imprimir las vértebras dorsales en la colchoneta y llenar los omóplatos al inspirar.

• ESPIRACIÓN Y REPETICIÓN

Al espirar, soltamos el aire hundiendo el ombligo hacia la columna sin tensarnos al respirar. Repetimos estos dos pasos sin retener el aire, alargando un poco la respiración. Cogeremos el aire por la nariz y lo soltaremos por la boca en las primeras respiraciones y después realizaremos toda la respiración por la nariz, salvo si estuviera congestionada. En los ejercicios más físicos lo haremos por la boca. Para ayudar a sentir y percibir el trabajo respiratorio, podemos colocar una banda elástica alrededor de las costillas a modo de corsé, trabajando con esta presión, para después soltar la goma y hacer el ejercicio con la misma sensación.

05. RESPIRACIÓN ABDOMINAL ACTIVA

Ahora, manteniendo la zona superior controlada, podemos bajar un poco las manos para, sintiendo las costillas inferiores y con los dedos apuntando hacia el ombligo, tomar aire intentando llenar más abajo el globo, como si quisiéramos que llegara hasta el suelo pélvico. Tendremos muy presente que la zona lumbar debe estar en posición neutra.

Entonces, si nuestros abdominales están relajados o flácidos, la tendencia al inspirar será elevar el ombligo dilatando el abdomen, lo cual no es correcto en Pilates.

Debemos controlar esto con nuestros abdominales impidiendo que la tripa salga. Por lo cual, al inspirar, el globo dilatará hacia abajo y hacia los riñones y la espalda, pero no sobresaldrá el abdomen, quedando un vientre plano y tonificado suavemente. Para sentir esto nos ayudaremos de las manos colocadas en triángulo sobre la zona abdominal baja, que controlan esta acción ejerciendo una suave presión, más tarde quitaremos las manos y dejaremos que trabaje la zona sin ayuda, sintiendo como si siempre estuviesen las manos para controlar.

PERINEO ACTIVO

Quiere decir que, al inspirar de forma abdominal profunda, llevamos el aire y la presión de ese balón hacia abajo, con lo que el suelo pélvico sostiene, está tonificado sujetando sin quedar flojo o flácido. Al espirar y hundir el ombligo con la retracción abdominal, contraemos suavemente el suelo pélvico, elevando el perineo al final de la espiración.

06. LA CREMALLERA NATURAL

Para activar la musculatura abdominal inferior, desde el hueso del pubis hacia el ombligo, imaginemos que abrochamos la cremallera de un pantalón que nos queda estrecho y tiramos de esta zona hacia dentro, sin excedernos, simplemente se trata de fijar y colocar esta parte del cuerpo. Así evitamos que esta zona salga durante el ejercicio. Al principio cuesta, pero es primordial para mantener la posición neutra, y evitar que los abdominales salgan, lo cual repercute en la espalda.

07. TIRAR DEL OMBLIGO

Esta frase es utilizada constantemente en una sesión de Pilates. Para soltar el aire tiramos del ombligo hacia la columna con una acción bien activa, contrayendo y ahuecando la zona abdominal. Unimos el suelo pélvico (o perineo) al final de la espiración, mientras el diafragma pélvico y urogenital se eleva. Se da una imagen en Pilates que es que, al espirar, el ombligo baja hasta la columna y sube hacia arriba.

Imaginemos que tenemos una esponja húmeda dentro del cuerpo, en la zona abdominal baja, y queremos exprimirla al exhalar sacando toda el agua del interior. Esta acción va ajustando la faja abdominal, con la acción del músculo transverso abdominal profundo, creando una buena sujeción abdominal que es el sostén del cuerpo y protege la espalda. Además, aumenta el vaciado de los pulmones, lo que ayuda a la eliminación de toxinas y CO_2 acumulado, es un masaje a los órganos y ayuda a relajar el cuerpo y a vaciar la mente. También repercute en el buen funcionamiento de los órganos, tanto de los procesos digestivos como de las funciones de eliminación, creando un masaje interno que estimula su movimiento peristáltico. Ayuda a la eliminación y expulsión por el intestino y la vejiga. En definitiva, una mejor actividad interna.

CUENTA RESPIRATORIA

- Contar mentalmente mientras respiramos nos ayuda por un lado a concentrarnos y relajarnos, y por otro lado a regular el ritmo, equilibrando la fase inspiratoria con la espiratoria.
- Al tomar aire contaremos hasta cuatro y al exhalar también, sin pausa ni retención entre ambas. También contamos hasta ocho en cada respiración, cuatro inspirando y hasta ocho espirando.
- Esta cuenta la podemos alterar, podemos comenzar con una cuenta menor, por ejemplo hasta tres, y progresivamente, aumentar hasta cinco o más, procurando que no nos resulte incómoda ni provoque tensión con una respiración forzada.
- La forma de respirar será equilibrada tanto en el tiempo como en el ritmo, sin cambios ni aceleraciones, como un hilo fino de aire con una tensión suave y constante que entra y sale.

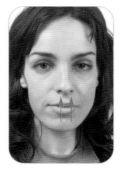 

08. CONSEJOS RESPIRATORIOS

Cuando respiramos estamos en contacto con nosotros mismos, con el aquí y el ahora, por eso durante la práctica seremos conscientes de cuándo y cómo tomamos o soltamos aire, o de si estamos reteniendo. Aprovecharemos cada espiración para vaciar nuestra mente de pensamientos y tendremos al inspirar una sensación agradable, llevando incluso la sonrisa al rostro y al interior como si de una ducha se tratase. No es preocupante si la técnica respiratoria no se realiza correctamente al principio, se necesita tiempo para reeducar al cuerpo después de tantos años sin darle importancia a la forma de respirar. Tengamos paciencia aunque nuestra técnica no sea del todo correcta, todo llegará; eso sí, no olvidemos inspirar y espirar como está marcado, lo contrario o el hecho de retener el aire congestiona el cuerpo y el cerebro y nos entorpece en el movimiento. El control de la respiración es todo un mundo, y sus beneficios, indudables. Haremos varias respiraciones profundas antes de empezar hasta que nos sintamos relajados, conectados con nuestro interior y preparados para el ejercicio.

Cuando inspiramos, pensamos en tomar un aire limpio que llena todo nuestro cuerpo y lo nutre, y al soltar espiramos el aire viciado, vaciando la mente de pensamientos. Imaginemos que somos una esponja que al inspirar absorbe agua limpia y pura y al espirar, vamos a comprimir la esponja sacando el agua sucia y estancada por todos los poros de nuestro cuerpo, a cada nueva respiración el cuerpo y la mente se van renovando y esa agua sale cada vez más limpia y pura.

Cuando estemos realizando los ejercicios y sobre todo los que requieran un movimiento amplio, aumentaremos la cuenta respiratoria. Si es un ejercicio fuerte, tomaremos aire por la nariz y soltaremos por la boca, con la mandíbula, el rostro y los labios relajados. Después de una secuencia de ejercicios, podemos incluir la posición básica para retomar la respiración, corregir la postura y restaurar la calma antes de continuar.

Al final de la práctica, si lo deseamos, iniciaremos esta parte de la sesión, para concluir con una sensación apacible, eliminando al exhalar el cansancio producido, así como el exceso de toxinas expelidas por el organismo, limpiando los pulmones, relajando la musculatura y dejando que la mente descargue todo tipo de pensamientos, preocupaciones, estrés, etc. Así nos quedamos con sensación de vacío y calma, al mismo tiempo que de energía y fuerza. Si alguien desea profundizar en el trabajo respiratorio, se aconseja leer el libro de *Yoga+Pilates* de esta misma editorial, donde se desarrolla la técnica respiratoria más profundamente. Respiremos, sonriamos, disfrutemos del movimiento y sintamos la energía fluir por todo nuestro cuerpo.

PILATES APLICADO A LA VIDA DIARIA

01. HIGIENE CORPORAL Y CORRECCIÓN POSTURAL

Observemos diariamente cómo colocamos nuestro cuerpo para corregir estos tres centros. La sensación y colocación que adoptamos y la posición tumbada hay que trasladarla a los actos cotidianos, donde la necesitamos para evitar lesiones.

02. LA CAJA

Es un área que comprende el tronco, desde las caderas a los hombros y la alineación de los tres centros. Pensaremos en líneas o tensores que mantienen toda esta caja bien sujeta y estirada, sin arrugas; tiraremos de estas poleas alargando la zona posterior, los costados y la parte anterior. Imaginemos también un cable interno que se tensa y afina como la cuerda de una guitarra, desde el cóccix o zona de perineo hasta la coronilla, manteniendo este eje y las poleas laterales con una afinación correcta: ni mucho ni poco, en su justa medida. Este eje central lo llamaremos «la línea media», y por ejemplo, cuando juntemos las piernas, pensaremos en el concepto de «abrazar» la línea media.

03. CURVA LUMBAR

Debemos corregir la curva lumbar, tanto de pie como sentados. Mantendremos la zona abdominal activa, sobre todo cuando se realice una acción y esfuerzo. Colocaremos los hombros, acordándonos de rotarlos y hundirlos cada vez que quieran caerse hacia delante o encogerse hacia el cuello. Alinearemos el cuello, como si estuviésemos suspendidos por un cable desde la coronilla hasta el techo, hundiendo suavemente el mentón y estirando como si la cabeza quisiera siempre elevarse hacia el cielo.

Posición errónea   Posición correcta

04. CERVICALES

Una tendencia errónea que ya hemos comentado al hacer los ejercicios es sacar la barbilla o cerrar la nuca arqueando excesivamente las cervicales, esta acción repercute en la salud de nuestro cuello y crea tensión, debilidad y un mal flujo sanguíneo y energético al cerebro, así como bloqueo nervioso desde la cabeza a todo el organismo.

Por esta razón, cuidaremos mucho de que no se fuerce, porque suele ocurrir al principio en la práctica de Pilates que algunas personas se quejen de dolor en el cuello.

RECUERDA
- Para evitar lesionarse o sobrecargar la zona cervical durante los ejercicios debemos, por un lado, hacer un precalentamiento y movilización, y mantener la nuca estirada, con el mentón un poco hacia dentro.
- Si hay demasiadas molestias, al principio sujetaremos la cabeza con las manos en los ejercicios de flexión del tronco.
- Cuando comencemos a practicar y si padecemos alguna lesión, tendremos muy en cuenta esto y descansaremos después de cada ejercicio; poco a poco iremos consiguiendo su fortalecimiento y mejoraría.

05 ENTRENAMIENTO BÁSICO

Posteriormente al trabajo de corrección de los tres centros y los ejercicios de respiración de Pilates, en este capítulo empezamos a mover y trabajar el cuerpo sin perder la coordinación respiratoria y la colocación en cada uno de los ejercicios. Aplicaremos siempre la técnica desde la posición tumbada, hasta alcanzarla sentada y de pie. Partimos desde la posición básica, con los centros alineados y activos y podemos mantener las manos sobre el ombligo para sentir y conectar estos ejercicios a nuestra respiración abdominal activa.

Debemos sentir y visualizar la zona que vamos a trabajar desde el cuello y su conexión con el tronco y el centro abdominal. Comenzaremos por unos ejercicios para el cuello que calientan y sueltan esta zona que suele producir molestias durante el ejercicio y el día a día. Son muy recomendables para dolencias y contracturas en la parte cervical y podemos hacerlos tanto tumbados, como en posición vertical.

01. GIRO LATERAL

Inspiramos notando cómo las costillas se llenan hacia fuera y hacia atrás. Desde el centro, exhalamos hasta llevar la cabeza de forma lateral, estirando suavemente la musculatura del cuello. Notaremos que el ombligo se hunde hacia la tierra.

Intensificamos aún más el estiramiento en oposición; de este modo, ocurre que mientras la cabeza gira, la nariz y el mentón se dirigen hacia el suelo y el hombro contrario hace oposición hacia abajo en sentido inverso.

Inhalando, volvemos al punto medio donde nuestra zona cervical está suavemente estirada en posición neutral del cuello. Repetimos tres veces a cada lado, estirando de menos a más, pero siempre sin forzar, buscando la extensión pero no la hiperextensión.

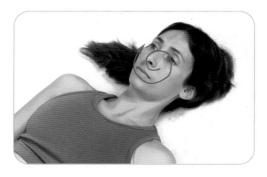

02. ESPIRAL

Se trata de dibujar con la punta de la nariz un círculo en el sentido de las agujas del reloj que se va haciendo grande en forma de espiral. Dirigido desde el centro, en cada círculo inspiramos la mitad y espiramos la otra mitad.

Así, realizamos una respiración completa por círculo y tres en total para abrir la espiral y tres para cerrar.
Realizando por tanto tres círculos en espiral: uno pequeño, otro mediano y el último más grande.

Después, en sentido contrario, hacemos tres más de mayor a menor, hasta terminar de nuevo en el centro alineado. Si sentimos molestias y dolor o chasquido al hacer estos movimientos, es síntoma de que tenemos tensión y necesitamos fortalecer esta zona con movimientos suaves, estiramientos, y posiblemente algún masaje para soltar.

Debemos hacer siempre los ejercicios con gran precisión y suavidad. Poco a poco irán desapareciendo las molestias y nos sentiremos mejor y más flexibles.

RECUERDA

Mientras se realiza éste y los demás ejercicios de Pilates, nuestro centro abdominal estará activo, con los abdominales planos y tonificados al inspirar y ahuecando el vientre y tirando del ombligo hacia la columna al espirar, todo coordinado con la acción del suelo pélvico.

Es útil, sobre todo al principio, contar mentalmente durante los ejercicios. Para concentrarnos y regular el ritmo, durante la práctica retomamos continuamente este tiempo respiratorio y la atención mental.

EJERCICIOS DE BRAZOS, HOMBROS Y CAJA SUPERIOR

01. POSICIÓN INICIAL

La espalda está alargada e impresa en el suelo, los hombros un poco elevados hacia arriba, al tiempo que los omóplatos se abren y se mantienen hundidos y enganchados con la cadera.

Esta acción de tirar hacia abajo mantiene los hombros colocados y hundidos, evitando que se encojan hacia el cuello. Imaginemos una goma desde la punta inferior de la escápula, que se engancha al hueso de la cadera.

Para ayudar en la postura, se puede pensar en atar el hombro a la cadera, o coger una pinza y asegurarlo a las costillas bajas y a la espina ilíaca posterior.

02. POSICIÓN DE MARCO

Ahora vamos a abrir los brazos en cruz y a elevarlos muy lentamente mientras hacemos una respiración larga, subiendo hasta llegar a la posición de marco con los brazos extendidos el ancho de hombros.

03. NIVEL AVANZADO

Después probaremos a hacer los ejercicios con elementos como la banda elástica, la pelota o el *magic circle,* para sentirnos y colocarnos correctamente, además de intensificar el ejercicio.

04. BAJAR Y SUBIR

• BAJAR

Desde la posición de marco, llevamos los brazos atrás mientras inspiramos. No debemos permitir que las costillas y la caja se levanten siguiendo al movimiento del brazo.

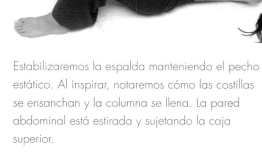

Estabilizaremos la espalda manteniendo el pecho estático. Al inspirar, notaremos cómo las costillas se ensanchan y la columna se llena. La pared abdominal está estirada y sujetando la caja superior.

Cuando espiramos, los brazos regresan a la posición. El ombligo tira hacia la columna activamente y el suelo pélvico sube.

Repetimos el movimiento controlando la técnica de tres a seis veces.

05. CÍRCULO GRANDE

Ahora ampliamos el movimiento al llevar los brazos hacia atrás, inspiramos y, abriendo hacia los lados a ras de suelo, espiramos hasta llegar de nuevo al marco.

Realizamos el círculo manteniendo la caja estable, con los hombros hundidos desde los omóplatos y la respiración activa. Repetimos de tres a seis veces.

06. ESTIRAMIENTO DEL HOMBRO

• CON UN BRAZO

En posición de marco, hacemos un estiramiento desde la espalda, notando cómo el omóplato se desliza por las costillas, el hombro se alarga y el brazo crece. Inhalamos y exhalamos estirando. Cambiamos de lado.

• CON DOS BRAZOS

Con los dos brazos realizamos círculos, pero desde el estiramiento, movilizando la escápula y la articulación del hombro, tres en un sentido y tres en el otro.

• APERTURA

Abrimos despacio los brazos en cruz, lentamente. Mientras, podemos calentar las muñecas y antebrazos haciendo giros de muñecas y abriendo y cerrando las manos.

• BAJADA

Sin que los brazos toquen el suelo todavía, inspiramos al estirar la palma y espiramos al apretar los puños varias veces, dejando un momento los brazos suspendidos como si mantuviésemos una pelota en cada mano, sintiendo la sujeción del brazo, desde el esternón y el pecho, hasta las yemas de los dedos, y por detrás, desde la columna y los omóplatos hasta el dorso de la mano y dedos.

EJERCICIOS DE CINTURA Y CADERA

BENEFICIOS
El trabajo para fortalecer la musculatura de la cintura y la cadera son ejercicios que, ayudados por el centro abdominal, fortalecen y protegen nuestro centro anatómico, lo que previene problemas en la zona lumbar, y también asientan la estructura.

01. POSICIÓN DE SILLA

• VISUALIZACIÓN

Desde la posición básica y manteniendo la corrección postural, tomamos conciencia de la zona que vamos a trabajar. Sentimos y visualizamos desde la cintura, la cadera, columna lumbar y sacro, pelvis, articulación del fémur con la cadera, los abdominales, los flexores de la cadera, el grupo psoas-ilíaco, el suelo pélvico, etc.

• Preparación a la posición de silla

Este ejercicio trabaja directamente sobre toda esta musculatura que protege la espalda, ayudando a la corrección y sujeción postural.

Comenzamos elevando una pierna, inspirando hasta la posición de silla (ángulo de 90°), manteniendo el muslo vertical a la articulación de la cadera y con la zona abdominal activa.

• Posición de silla

Espirando en contracción abdominal («tirar del ombligo»), subimos la otra pierna, quedando las dos en posición de silla.

• Bajada

Inspirando, bajamos la primera pierna, manteniendo la cadera estable y la pared abdominal activa, como en todos los ejercicios de Pilates, donde hay que evitar que el ombligo sobresalga sacando tripa.

Exhalando, bajamos la segunda pierna, cuidando de que la zona lumbar permanezca estable y no se arquee al bajar la pierna.

• Repeticiones

Repetimos el movimiento comenzando por la otra pierna e invirtiendo el proceso para que trabajen los dos lados por igual. Podemos hacer de dos a tres repeticiones por cada lado.

El ejercicio de la página anterior es beneficioso para la recuperación lumbar, actúa sobre el psoas y ejerce una acción abdominal inferior. Si tenemos problemas y debilidad en esta zona, sólo subiremos un poco el pie del suelo, sin llegar a la postura de silla, y haremos sólo una pierna; luego apoyaremos y después haremos la otra, hasta que vayamos tomando fuerza y confianza.

Hay que tener sumo cuidado para que durante el ejercicio, sobre todo al bajar la pierna lentamente, la cadera no se mueva y la zona lumbar permanezca estirada, en posición neutra si es posible, y si notamos que nos cuesta y que nuestra zona abdominal no sujeta suficientemente, es preferible apoyar las lumbares en la colchoneta, incluso con la ayuda de la acción de los glúteos, tirando suavemente del cóccix para asegurar que no se fuerce esta zona. Posteriormente, dejaremos esta acción cuando podamos sujetar la posición neutral con la ayuda del centro abdominal. Esto lo haremos en todas las posturas que al principio sintamos que no controlamos, antes de perjudicar la espalda. Practicando Pilates notaremos cómo podemos hacer los ejercicios más correctamente con el tiempo.

02. RODAR LAS CADERAS

• POSICIÓN INICIAL DE SILLA

A partir del ejercicio anterior, nos colocamos en la posición de silla, con las piernas juntas y la espalda apoyada.

En este libro aparece el movimiento con la banda elástica, pero podremos hacerlo con y sin este elemento.

• BANDA ELÁSTICA

Sujetamos la goma alrededor de las piernas y mantenemos una tensión hacia los lados con los brazos, mientras hacemos el movimiento con resistencia. Esto aumenta la resistencia y la fuerza elástica de la musculatura de la cintura.

Inspiramos en el centro, manteniendo como siempre la zona abdominal plana y activa.

• LADO DERECHO

Tiramos del ombligo hacia la columna y exhalando, llevamos las piernas sólo un poco hacia un lado, evitando que la espalda se mueva y que el omóplato contrario se despegue, estabilizando el segundo centro y manteniendo el cinturón ajustado.

• LADO IZQUIERDO

Inspiramos y retornamos al centro. Recordemos antes de espirar retraer el ombligo y al soltar el aire, mantener la contracción abdominal para girar al otro lado.

• NIVEL AVANZADO

Progresivamente, vamos a ir bajando un poco más a cada lado, hasta que lleguemos a apoyar la silla lateralmente y con control al bajar lentamente.

BENEFICIOS

Si nos cuesta o notamos dolores en la parte baja, realizaremos movimientos suaves sin bajar apenas las piernas a cada lado.

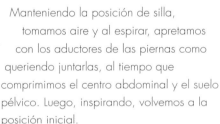

01. CON PELOTA

Colocamos entre los muslos una pelota mediana.

Manteniendo la posición de silla, tomamos aire y al espirar, apretamos con los aductores de las piernas como queriendo juntarlas, al tiempo que comprimimos el centro abdominal y el suelo pélvico. Luego, inspirando, volvemos a la posición inicial.

Al terminar podemos dejar las piernas a un lado estirando la zona lumbar y después cambiando de lado para estirar. Recogeremos al final en el centro para hacer el fuelle.

02. EL FUELLE

BENEFICIOS

Es para relajar, ejerce un masaje a la espalda, especialmente lumbares, estira la parte alta y posterior del muslo, glúteos, afloja la musculatura abdominal y flexores de la cadera, es un buen masaje interno, lo que repercute en el buen funcionamiento de los órganos, ayudando a vaciar de aire los pulmones, y el exceso de fatiga después de un ejercicio. Utilizamos el músculo abdominal transverso para expulsar el aire comprimiendo la faja abdominal, ayudando a la acción del diafragma sobre los pulmones, además de activarlo y prepararlo para los demás ejercicios, donde comprimiremos el cinturón abdominal. Por esta razón intercalaremos el fuelle entre los ejercicios de las tablas, y al final para soltar, descargar y retomar el aliento.

• POSICIÓN INICIAL

Desde la posición básica, sujetamos las rodillas con las manos y las llevamos encima de la cadera. Mantenemos activa la respiración abdominal. Inspiramos profundamente llevando el aire hacia la columna.

• RODILLAS

Espiramos tirando de las rodillas hacia el pecho, como un fuelle que exprime y saca todo el aire, podemos exhalar por la boca cuando necesitemos sacar después de un ejercicio, y por la nariz cuando estemos relajados y la respiración sea tranquila. Repetiremos de tres a seis veces.

• IMPRIMACIÓN

Al inspirar recuperamos la posición inicial, hasta apoyar el sacro, y volvemos a espirar elevándolo, estirando y masajeando la espalda; imaginemos que tanto al subir como al bajar imprimimos las vértebras en la colchoneta, dejando la huella.

CONSEJOS

- Es un ejercicio sumamente beneficioso cuando tengamos dolores de espalda.
- Como postura intermedia, con dos o tres respiraciones basta antes de continuar con la serie que estemos realizando.
- Podemos quedarnos más tiempo con las rodillas hacia el pecho para estirar la espalda, lo que se llama posición de descanso boca arriba.
- Relajaremos el cuerpo y la mente con cada nueva respiración.
- Cuando queramos hacer un estiramiento en oposición, al tirar de las rodillas hacia el pecho, apoyaremos el sacro al mismo tiempo, en oposición a las piernas. Esto produce un estiramiento compensado de la parte trasera de los muslos, estirando los isquiotibiales.

A partir de aquí comenzamos con ejercicios más activos. Algunos proceden de la tabla original o son movimientos preparatorios para iniciarnos en ese ejercicio en concreto. Otros son variaciones, utilizando elementos, para dominar el trabajo en colchoneta. Asimismo, también se incluyen algunos ejercicios que son practicados en las máquinas de Pilates, son adaptaciones con la banda elástica o sobre el *Fit ball*, para enriquecer y avanzar en nuestra práctica.

Recordemos que no hay pausa entre ejercicios, sino que mantenemos un ritmo fluido y aun en las posiciones que puedan parecer estáticas, como el estiramiento completo o la posición de descanso, no lo es, pues estamos realizando movilizaciones, estiramientos y respiraciones. Desde que comienza la sesión la energía está en movimiento. Durante el calentamiento de los capítulos anteriores el tempo es lento y tranquilo, pero sin pausa, para progresivamente subir de nivel, de ritmo e intensidad, para volver a la calma hacia el final de la sesión con estiramientos y relajación. Pasamos al bloque de ejercicios dinámicos de suelo.

Aquí empezamos a trabajar el centro energético de forma más activa, donde el trabajo respiratorio es más intenso y debemos tener un mayor control de nuestra pared abdominal, evitando que sobresalga cuando hacemos los ejercicios Pilates, y contrayendo con la acción de tirar del ombligo hacia la columna. Este ejercicio es el primero en la tabla original del método Pilates, que trabaja activamente la faja anatómica, precalienta el cuerpo y acondiciona el centro para trabajar toda la sesión.

Aprendemos a conectar el centro con los movimientos y la respiración, evitando que el abdomen salga hacia fuera. Permanece plano al inspirar y hacia dentro al exhalar. Vamos a usar en ocasiones una pelota mediana, para apretar entre las piernas, pero al principio podemos descartarla. También lo haremos apretando el círculo mágico y con la banda elástica para conectar y aumentar el trabajo.

01. POSICIÓN INICIAL

Desde la posición básica, inspiramos conectando con el centro y activando las costillas. Recordemos la cremallera natural, del pubis al ombligo, con los abdominales estirados y planos y el suelo pélvico activo.

02. LEVANTAMIENTO

Contraemos abdominales, al tiempo que espiramos y, hundiendo el mentón, elevamos la cabeza hasta mirar hacia el ombligo, con la barbilla cerca del pecho pero sin tocar. Alargamos los brazos como si quisiéramos tocarnos los pies para subir.
Levantamos los hombros y la zona dorsal alta de la espalda, despegando desde arriba hasta el punto medio entre el pico inferior de los omóplatos.

CONSEJOS
- Los principiantes mantendrán los pies apoyados en la posición básica. Ante un cuello débil, colocaremos las manos detrás de la cabeza sin cruzar los dedos, con los codos abiertos, y la barbilla un poco hacia dentro.
- Cuando avanzamos en la práctica, colocamos primero una pierna en posición de silla, progresivamente, hasta tener las dos piernas en alto sin apoyar.
- Usaremos también la pelota o el aro cuando estemos preparados.

03. USO DE ELEMENTOS

Podemos utilizar el círculo mágico
o una pelota mediana para
complicar el ejercicio.

Ambos elementos se utilizarán
apretándolos entre los muslos
en la espiración.

Trabajaremos tanto la cara
interna como la externa y el
suelo pélvico unido al ejercicio
abdominal respiratorio.

Para tonificar aún más la zona superior, sujetaremos el aro
o pelota entre las manos y haremos presiones con la
respiración activa.

EL CIEN

Para iniciarnos en este ejercicio clásico de la tabla de Pilates, haremos antes movimientos de preparación. Es un ejercicio sumamente efectivo, sobre el músculo transverso abdominal profundo, que funciona a modo de faja anatómica y como músculo respiratorio (ya hemos hablado de él en el apartado de filosofía y espíritu del sistema, haciendo alusión al «músculo de la risa»).

Este ejercicio realiza un precalentamiento del organismo, activando nuestro centro desde la musculatura interna, para sujetarnos y desarrollar un fuerte control del movimiento en los ejercicios posteriores.

01. POSICIÓN INICIAL

Nos colocamos en la posición básica, con los centros alineados. Primero con los pies en la colchoneta, para posteriormente hacerlo con las piernas en el aire en posición de silla y estiradas para los más avanzados.

02. ELEVACIÓN

Con los brazos a los lados de la cadera, hundimos el mentón estirando la nuca y tiramos de las manos hacia los pies hundiendo los hombros.

Inspiramos y con esta acción elevamos soltando el aire desde el ombligo, la cabeza y la espalda hasta los omóplatos como en el ejercicio de flexión abdominal.

03. RESPIRACIÓN

Despegamos los brazos un poco del suelo, para comenzar el bombeo con la respiración. Se trata de inspirar y espirar en cuatro y cuatro tiempos, mientras los brazos se mueven con energía, estirados desde el hombro como si quisiésemos chapotear en el agua. Este movimiento no para durante la respiración, ya que activa las costillas y ayuda a la acción del transverso abdominal y del diafragma en su expulsión del aire.

04. BANDA ELÁSTICA

Se utiliza la banda elástica en ocasiones para percibir el trabajo correcto de este movimiento de los brazos. Debemos sentir cómo las costillas se expanden al inspirar hacia los lados y atrás.

Cuando espiramos, nuestro vientre debe contraerse en cuatro tiempos cada vez más hacia dentro. Pensemos en hundir el ombligo más hacia la columna. Realizamos de tres a seis respiraciones completas, para bajar despacio vértebra a vértebra con el mentón hacia dentro hasta apoyar.

> RECUERDA
>
> Los cuatro o cinco tiempos en el cien son pequeñas respiraciones percusivas y sonoras *(staccato)* tanto al inspirar como cuando exhalamos.

05. REPETICIÓN

Vamos a repetir la secuencia intentando aumentar la cuenta respiratoria a cinco y cinco. Además, podemos subir una pierna en posición de silla y después probar con la otra, hasta mantener las dos arriba. Cuando llevamos tiempo trabajando el método, pasaremos a estirar las piernas en posición Pilates, con la espalda apoyada en posición neutra.

> CONSEJOS
> - Al principio, la mayor parte de las personas se quejan de molestias en el cuello tanto por falta de fuerza en el centro abdominal, como por debilidad y tensión en el cuello y los hombros, donde acumulamos tensiones y estrés.
> - Si lo necesitamos, nos ayudaremos al principio con una mano detrás sujetando un poco la cabeza mientras hacemos el movimiento con el otro brazo estirado. Está bien para las primeras sesiones, pero hemos de recordar que esta zona tiene que fortalecerse, y que sólo nos molestará las primeras prácticas, después notaremos mejoría y podremos avanzar en los ejercicios.
> - Terminamos estirando los brazos y alargando el abdomen y los costados, pero con cuidado de no arquear la columna sacando las costillas hacia arriba e inspirando y exhalando al estirar un lado y luego cambiando con el otro.

PREPARACIÓN PARA EJERCICIOS DE RODAR

Este movimiento donde trabajamos nuestra fuerza abdominal, rodando el cuerpo atrás y adelante, hay que trabajarlo progresivamente, aumentando el movimiento, pero siempre controlado, con nuestro centro energético bien sujeto y ahuecado al espirar. Algo que cada vez nos costará más, pues cuanto mayor sea el esfuerzo requerido de flexión y elevación del tronco o las piernas, más tiende a sobresalir nuestra pared abdominal, perdiendo la compresión de esta faja central y tirando de la espalda.

Por esto debemos mantener bien ajustado el cinturón natural, evitando que se pierda la sujeción. Estos ejercicios nos disponen para controlar los movimientos posteriores, donde se requiere una mayor fuerza y control. El ejercicio original, llamadol *Roll up*, y otros movimientos en los que rodamos, nos sirven para bajar o subir desde el centro energético. Lo podemos hacer con ayuda de las manos detrás de los muslos para principiantes y después utilizando la banda elástica o sobre el balón como aparece en este manual, progresivamente, hasta hacer el movimiento básico avanzado.

01. SENTARSE

Desde la posición básica, vamos a reincorporarnos para sentarnos, utilizando las manos si es necesario, pero inspirando y espirando con los abdominales contraídos, para subir rodando hasta llegar a la posición sentada.

02. ESTIRAMIENTO DE LA ESPALDA

Sentados sobre los isquiones o huesos de la
cadera, estiramos la espalda hasta alinear el eje,
manteniendo los hombros hundidos y realizando
una inspiración profunda. Debemos notar cómo
la musculatura de la columna nos sujeta y
endereza.

03. RODAR ATRÁS

Para rodar hacia atrás, miramos
hacia el ombligo, espiramos
metiendo el centro abdominal y
redondeando la espalda desde el
cóccix y vamos bajando hasta
media altura.

04. SUBIDA

Inspiramos parando atrás y exhalamos contrayendo los
abdominales, para subirlos redondeados. Evitaremos hacer fuerza
con los brazos (es un trabajo para el centro). Cuando llegamos
delante, inspiramos sentándonos, con la espalda recta. Sentiremos
activamente los músculos extensores de la columna que se tonifican
para alargar la columna y mantenernos erguidos. Repetimos la
secuencia intentando bajar un poco más, hasta conseguir hacerlo
con las piernas estiradas.

01. RODAR COMPLETO CON LA BANDA ELÁSTICA

Pasamos la goma debajo de los pies y la sujetamos con las manos, evitando que los hombros se encojan hacia el cuello, sino que estarán hundidos.

Realizamos el pequeño movimiento de rodar, pero con los brazos sujetando la goma.

Inspiramos y exhalamos contrayendo para bajar rodando vértebra a vértebra.

CONSEJO

En este ejercicio es muy importante que el tempo utilizado sea lento, debemos sentir cómo cada vértebra se va apoyando lentamente en el suelo hasta quedarnos tumbados por completo. La respiración irá acompañando al movimiento.

Para subir rodando, iniciamos el movimiento inspirando y elevando la cabeza y la zona dorsal alta.

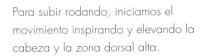

Espirando, continuamos subiendo hasta llegar a la posición sentada.

Vamos hacer una apertura de brazos respirando antes de iniciar de nuevo la bajada.

CONSEJO

Al tomar la posición de sentados, la espalda permanecerá alineada con el centro en todo momento, incluso cuando ejercemos la apertura de la goma con los brazos. Seamos conscientes de su posición y apliquemos la corrección postural.

02. RODAR ATRÁS Y GIROS

Este movimiento más avanzado lo hacemos rodando igual, pero cuando paramos a media altura hacemos un giro lateral. Apoyados sobre el sacro creamos la rotación girando en oblicuo. Este movimiento lo podemos hacer también sobre el *Fitball* en los ejercicios en posición sentada.

Inspiramos retornando al centro y espiramos rodando y girando con el cuerpo un poco más abajo, aumentando el ejercicio abriendo y extendiendo el brazo de ese lado.

Esta acción trabaja activamente los abdominales oblicuos, que protegen la faja anatómica desde los costados.

03. REMAR CON BANDA ELÁSTICA

Este movimiento, junto con los que hemos realizado, son preparatorios para ejercicios como *Roll down* completo, o el remo, donde las piernas están estiradas y el control es mayor, tanto para subir imprimiendo la espalda sin tirones y manteniendo las piernas ancladas al suelo, como para rodar suavemente con la fuerza del centro.

Sujetamos la goma desde los pies, con los brazos y las piernas doblados como en el ejercicio anterior. La espalda estará recta y nosotros sentados sobre los isquiones.

Inspiramos y espiramos en contracción (con
el ombligo hacia la columna) bajando
lentamente hasta la posición intermedia.

Realizamos una apertura de brazos
inspirando y rodando hacia delante y
espiramos en contracción.

Hacemos un movimiento circular con los brazos
hacia delante, remando hasta llegar delante.
Repetiremos el movimiento de tres a cuatro
veces.

Inspiramos y espiramos rodando atrás hasta la mitad, flexionamos los brazos varias veces inspirando y soltando mientras permanecemos sujetos con el centro energético.

Después realizamos un pequeño giro oblicuo inspirando en el centro y espirando al rotar.

Hacemos de tres a seis repeticiones, para terminar bajando vértebra a vértebra apoyando despacio la columna hasta depositar la espalda y corregir la posición.

RECUERDA

- Cuando bajamos o subimos rodando, trabajamos desde la fuerza abdominal hacia dentro y arriba, el mentón hundido suavemente y la mirada hacia el ombligo para proteger el cuello, así la nuca estará suavemente estirada.
- Los hombros estarán hundidos y los omóplatos hacia la cadera, evitando siempre el acto de encogerlos hacia el cuello.
- Utilizaremos los músculos dorsales y costales para sujetar los hombros.
- No daremos tirones, el movimiento debe ser fluido, suave, con control y precisión y la respiración debe acompañar siempre al movimiento. Pensemos en imprimir suavemente la columna.

CÍRCULOS

Estos ejercicios de preparación para los círculos con la pierna son muy recomendables, pues activan la circulación venosa de retorno, fortaleciendo la musculatura que rodea la articulación de la cadera, el psoas, los músculos abductores y aductores de las piernas y, como en todos los ejercicios Pilates, nuestro centro abdominal.

Aquí vamos a utilizar la banda elástica para favorecer una práctica precisa, además de ayudarnos por un lado a dominar el movimiento, y por otro a progresar en la técnica. Probaremos y compararemos el trabajo con la goma, para después hacer el ejercicio sin ella.

01. CÍRCULOS CON LA PIERNA

Nos colocamos desde la posición inicial, y pasando la goma debajo del pie comprobamos que esté bien sujeta desde la almohadilla del pie y que llegue hasta los dedos. La pierna estará ligeramente doblada, el sacro bien apoyado y la espalda estirada con la posición neutra, durante todos los movimientos.

Sujetamos la banda con las manos, apoyando bien los codos y el antebrazo en ángulo recto. Mantenemos esta posición de escuadra durante todo el ejercicio, evitando que los hombros se encojan y hundiéndolos desde el omóplato hasta la cadera.

02. ESTIRAMIENTO DE TALÓN Y EMPEINE

Con la resistencia de la goma, hacemos un movimiento estirando el empeine mientras inspiramos y estirando con el talón cuando espiramos.
Activamos el ombligo con los ejercicios recordando no levantar el sacro en ninguno de esta serie.

03. CÍRCULOS DE TOBILLO

Vamos a realizar tres círculos de tobillo a cada lado con la banda elástica.

Cada círculo que se dibuja con la resistencia de la banda dura una respiración, la mitad del movimiento se inspira y la otra mitad se espira. Así, son tres respiraciones a cada lado.

Este ejercicio y el anterior fortalecen la articulación del pie, esto nos protege ante los esguinces y recupera las lesiones, por lo que es un buen ejercicio de rehabilitación.

04. BAJAR Y SUBIR

Ahora estiramos la pierna, pero sin olvidar tener el sacro apoyado y la posición Pilates en suave rotación desde el muslo.

Inspiramos bajando la pierna, manteniendo los brazos en escuadra para obtener la resistencia de la banda elástica.

Espiramos con el ombligo contraído y subimos la pierna de nuevo, pero sin que el sacro despegue. Cada persona trabaja desde su elasticidad: si la pierna no llega a la vertical, no pasa nada, lo importante es mantener el apoyo del sacro. Ayuda tirar un poco del cóccix hacia la colchoneta, buscando la posición neutra.

ATENCIÓN

En estos ejercicios y otros donde las piernas bajan desde la vertical, la tendencia es que la zona lumbar se arquee por la acción del psoas-ilíaco, que lleva la cadera en anteversión. Esto debemos controlarlo manteniendo las lumbares estiradas en posición neutra, si podemos, y si fuese necesario al principio, apoyando las lumbares con la ayuda del cóccix y de los glúteos *(imprint)*.

Recordemos proteger y evitar tirar de la espalda cuando hacemos éste u otros movimientos que fuercen la curvatura lumbar.

05. CÍRCULOS CON LA BANDA ELÁSTICA

Ahora realizamos los círculos con la pierna que, posteriormente, desprenderemos de la goma en el ejercicio original de Pilates, denominado *One leg circles,* manteniendo la misma colocación y estabilización del centro, con el sacro apoyado y la respiración abdominal activa de los ejercicios anteriores.

• CÍRCULOS HACIA DENTRO

Siempre comenzamos el movimiento hacia dentro, pues al realizarlo desde nuestro centro y con pequeños círculos, controlamos mejor el ejercicio, evitando que la cadera se mueva y ayudando a que el centro trabaje sujeto.

Inspiramos y dirigimos la pierna hacia la línea media (ombligo), recordando no levantar el sacro. Espiramos en contracción abdominal realizando un círculo hacia la otra pierna, casi sin salirnos del marco de la cadera.

Podemos ampliar un poco el dibujo, pero sin mover apenas la cadera y, por supuesto, manteniendo la faja activa y en posición neutra.

Repetimos de tres a seis veces y reiteramos la secuencia para los círculos hacia fuera.

• Círculos hacia fuera

Inspiramos y dirigimos como antes la pierna hacia el ombligo. Abrimos el círculo hacia fuera mientras espiramos.

El movimiento es pequeño, y según lo dominamos y controlamos, hacemos un dibujo mayor. Notaremos cómo cuanto mayor es, mejor es el control de la cadera sujeta, el sacro impreso en la colchoneta y las lumbares estiradas, así como la pared abdominal activa, sin sobresalir.

Si notamos que el movimiento nos supera y el cuerpo se descoloca, haremos los círculos pequeños hasta que podamos dominar la técnica.

Estiramos la pierna llevando la rodilla hacia el hombro al tiempo que mantenemos el sacro apoyado como estiramiento en oposición.

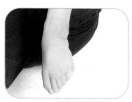

Cambiamos de pie para trabajar con la otra pierna toda la secuencia, comparando y sintiendo la diferencia entre un lado y otro.

FROG (LA RANA)

Este ejercicio se realiza en las máquinas de Pilates, concretamente sobre el *Reformer*. Aunque sobre este aparato hay mayor efecto, pues nuestra base de apoyo tiene un carril móvil con muelles que aumenta el ejercicio, podemos hacer el movimiento en la colchoneta con la banda elástica, teniendo efectos semejantes.
La postura es parecida a las ancas de la rana cuando se impulsa para saltar (de ahí su nombre).

01. RANA

A partir del ejercicio anterior, colocamos los dos pies sujetos por la banda elástica. Inhalando, flexionamos las piernas con las rodillas hacia fuera y los talones tocándose. La espalda estará apoyada y el sacro impreso.

Espirando, estiramos las piernas a 45°, hasta llegar a la posición Pilates, con los muslos juntos y rotados y evitando que las lumbares se arqueen y el vientre sobresalga. Repetimos, inspirando al doblar y espirando al estirar, de seis a ocho veces.

02. RANA CON EXTENSIÓN DE BRAZOS

Después hacemos el movimiento más avanzado con extensión de brazos y flexión abdominal. Comenzamos desde la postura inicial.

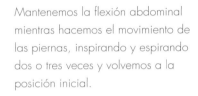

Al tiempo que realizamos la extensión de las piernas, hacemos una flexión abdominal para trabajar más profundamente el centro.

Mantenemos la flexión abdominal mientras hacemos el movimiento de las piernas, inspirando y espirando dos o tres veces y volvemos a la posición inicial.

03. VARIACIÓN

Otra variación más fuerte es cuando extendemos las piernas con flexión abdominal, estiramos los brazos atrás al mismo tiempo y durante la espiración. Requiere más control y fuerza central.

ROLLER CON BALÓN

Ahora vamos a realizar un ejercicio de fuerza y control, habitualmente ejecutado en la tabla de Pilates, pero sin balón. Representa un reto para nuestra fuerza y control abdominal, refuerza las piernas y estira la espalda, por lo que es un ejercicio que haremos cuando tengamos problemas o lesiones de columna.

01. BALÓN AL SUELO

Tumbados, sujetamos el balón con las piernas estiradas en la vertical, con la espalda apoyada y el centro energético activo.

Inspiramos y exhalamos, elevando las piernas, despegando desde el sacro toda la columna hasta estar apoyados en la parte alta de la espalda entre los hombros.

El balón llega a tocar el suelo. Utilizamos el apoyo de los brazos para ayudarnos en el movimiento.

> CONSEJO
> Además del control abdominal, tendremos que presionar con las piernas para que el *Fitball* no salga rodando en ningún momento, lo que fortalece los músculos internos de los muslos.

02. REGRESO

Para regresar, inspiramos y elevamos el balón, con el ombligo contraído, soltando el aire y bajando lentamente la columna vértebra por vértebra, con control, hasta apoyar de nuevo el sacro e iniciar el movimiento de rodar atrás.

Repetimos todo el ejercicio de tres a seis veces dependiendo de nuestra preparación física y nivel en Pilates.

Los brazos nos ayudan a estabilizarnos, pero la fuerza y el control deben provenir en todo momento del centro.

Para terminar, dejamos el balón y estiramos con el fuelle para pasar a los ejercicios siguientes.

SERIE ABDOMINAL (DIFICULTAD CON ELEMENTOS)

El grupo denominado «serie abdominal» dentro de la tabla clásica de Pilates en colchoneta, abarca cinco ejercicios, con su orden y nombre original:

- *Single leg stretch.*
- *Double leg stretch.*
- *Scissors.*
- *Lower lift.*
- *Criss/cross.*

> **RECUERDA**
>
> Para consultar sobre éstos y otros ejercicios del método clásico, existe en el mercado el libro *Pilates,* de este mismo autor y editorial, donde se desarrolla toda la tabla original dividida en ejercicios para principiantes, de nivel intermedio y avanzado.

Éstos son algunos ejemplos de las variaciones que podemos hacer sobre los ejercicios de la serie abdominal, pero con elementos, como la banda elástica, el aro mágico, las pelotas, etc., para intensificar el trabajo y ayudar a evolucionar en la práctica.

En principio, no están diseñados para principiantes, sino que se realizan con el fin de progresar en la técnica intermedia y avanzada.

01. *SINGLE LEG STRETCH* (ESTIRAMIENTO DE UNA PIERNA)

Hacemos el movimiento pasando la pelota
por debajo de la pierna flexionada.
Inspiramos estirando una pierna y
flexionando la otra.

Espiramos pasando la pelota por
debajo de la pierna doblada y,
cambiando de pierna, inspiramos.

Hacemos repeticiones pasando la pelota
para aumentar el control y la concentración.
Las primeras repeticiones serán más lentas y
las últimas, más dinámicas. Haremos unas
ocho repeticiones en total.

02. *DOUBLE LEG STRETCH* (ESTIRAMIENTO DE DOS PIERNAS)

Sujetando el balón con las manos, hacemos el
movimiento. Colocamos la posición inicial en
flexión alta y con las piernas en posición de silla.

Inspiramos estirando brazos y piernas y
espiramos recuperando la postura.

Ésta es una variación, pero en todos los ejercicios podremos utilizar otros elementos, como el *Magic circle* u otra pelota mediana entre las piernas y mantener la presión durante el movimiento, también haciendo presiones sobre el aro con los brazos, por ejemplo.

Así trabajamos la fuerza interna de aducción, para apretar la línea media en posición Pilates de las piernas y en los brazos, tonificando el segundo centro.

03. *SCISSORS* (TIJERAS)

Este movimiento que ya requiere de control, fuerza abdominal y elasticidad, podemos intensificarlo con la banda elástica al realizar el movimiento de las piernas como tijeras, y también con el apoyo de una pierna sobre el balón como vemos aquí.

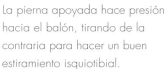

La pierna apoyada hace presión hacia el balón, tirando de la contraria para hacer un buen estiramiento isquiotibial.

La espalda está apoyada y el centro abdominal en contracción activa. Hacemos pequeños movimientos respirando con la presión hacia abajo y la extensión de la pierna hacia nosotros, después cambiamos de pierna.

04. *LOWER LIFT* (BAJAR Y SUBIR)

Para incrementar la fuerza y control de los abdominales inferiores, se puede atar la banda elástica a un punto fijo, como por ejemplo, del tipo de unas espalderas. Se trata de subir y bajar las piernas trabajando con la resistencia de la goma.

Es un ejercicio más avanzado y duro si no tenemos una gran fuerza en la faja anatómica, pues si aún no es demasiado estable o bien estamos cansados después de varios ejercicios abdominales, solemos cometer el error de tirar de la espalda.

Por eso debemos controlar siempre y saber dónde está nuestro límite y estado actual y también saber parar a tiempo durante un ejercicio si vemos que lo estamos realizando de forma errónea.

Este ejercicio y otros los haremos cuando estemos preparados o el monitor nos vea fuertes y listos para avanzar. Mientras, podemos hacer muchos otros de iniciación e intermedios.

Colocamos las piernas en posición Pilates, con la tracción de la banda y realizamos una flexión abdominal con las manos detrás de la cabeza.

Mantenemos la posición y bajamos las piernas hasta 45°, inspirando y con la zona lumbar apoyada *(imprint)*, tirando un poco del cóccix para asegurar. Exhalamos contrayendo bien el ombligo para regresar a la vertical. Repetimos de tres a seis veces.

05. *CRISS/CROSS* (ENTRELAZADO)

Esta flexión abdominal en oblicuo es un ejercicio intenso de todo el tren abdominal, procurando dar un buen giro de cintura escapular y rotando el cuerpo con elevación lateral desde el omóplato.

Si en vez de colocar las manos detrás de la cabeza, como se hace habitualmente, mantenemos la pelota o el *Magic circle*, no sólo hacemos el giro, sino que aplicamos una presión entre los brazos cuando hacemos el giro oblicuo para trabajar el tren superior.

Inspiramos y espiramos al girar, presionando mientras realizamos el movimiento cruzado en flexión abdominal oblicua, cambiando de pierna. Las primeras repeticiones son lentas, tomando aire y soltando al cambiar, para hacer las últimas dinámicas, inspirando en dos cambios girados y espirando en otros dos.
Al terminar esta serie abdominal, haremos un estiramiento completo con el fuelle o posición de descanso.

ESTIRAMIENTO COMPLETO

Estiramos desde la zona abdominal, los costados, la espalda y los miembros superiores e inferiores. Se trata de estirar todo el cuerpo, es muy agradable y lo haremos después de cada secuencia o ejercicio que necesitemos y al final de la sesión. Lo haremos tanto boca arriba, como boca abajo después de ejercicios de tonificación de espalda, y también lo haremos de pie o en otras posiciones, como sentados o en postura de descanso, donde alargamos el brazo en oposición a la cadera.

Haremos tres variantes: estiramiento lateral, paralelo y cruzado. Es un estiramiento en oposición, buscando puntos opuestos y distantes para elongar la musculatura y desbloquear el cuerpo en diferentes direcciones.

01. ESTIRAMIENTO COMPLETO LATERAL

Con los brazos estirados por encima de la cabeza, y las piernas abiertas el ancho de las caderas, creamos dos líneas paralelas, desde el pie hasta la mano.

Respiramos profundamente, exhalamos vaciando por completo por la boca, sobre todo las primeras respiraciones después de un ejercicio de tonificación, para recuperar el aliento y oxigenar bien el organismo.

Inspiramos, llenando bien los pulmones, ahora mientras vamos soltando todo el aire desde la zona abdominal, alargamos un lado tirando del brazo y la misma pierna en direcciones opuestas, con un estiramiento en oposición.

La cadera contraria sube un poco para ayudar a estirar, además de movilizar esta zona, creando un largo estiramiento.

Procurando mantener las costillas y la espalda cerca de la colchoneta, para lo que nos valdremos del concepto de la visualización, pensaremos en estirar equilibradamente la parte anterior del cuerpo con la posterior y con los costados.

Cuando tomamos aire, relajamos y al espirar de nuevo, estiramos el otro lado. Repetimos tres veces pensando en crecer cada vez un poco más desde el centro.

02. ESTIRAMIENTO COMPLETO PARALELO

Es el mismo ejercicio, sólo que cuando estiramos soltando el aire, tiramos de ambos brazos y piernas a la vez en direcciones opuestas.

Intentaremos no pensar sólo en la sensación externa del estiramiento, de los costados, la espalda y la parte anterior, sino también de la musculatura interna y las fascias, creando un mayor espacio entre los órganos, las articulaciones y los huesos.

Cuanto más crecemos, más espacio interior hay.

03. ESTIRAMIENTO COMPLETO CRUZADO

Ahora alargamos un brazo y la pierna opuesta, cambiando el estiramiento en diagonal.

Sentiremos el estiramiento más interno, visualizando desde dentro la cadera hacia el hombro contrario, y como bandas internas que se alargan, desbloqueando y dejando espacio a los órganos. Solemos hacerlo después de ejercicios donde trabajamos la musculatura en cruzado, como en la natación, la posición de la estatua, los abdominales oblicuos, etc.

> CONSEJO
>
> No curvaremos la espalda elevando el pecho y arqueando la zona lumbar, sino que estiraremos bien la zona abdominal tirando del ombligo, llegando lejos con los dedos de los pies y de las manos, sin encoger los hombros hacia el cuello ni retener el aire, sino usándolo para facilitar el ejercicio.
>
> Lo intercalaremos entre las series abdominales, después de ejercicios de espalda, y al final para soltar.
>
> Es como desperezarnos y, si surge el bostezo, aprovechémoslo para descargar.

04. LA SIERRA

Este estiramiento de espalda y parte posterior de las piernas lo vamos a realizar con la ayuda del balón para sentir la rotación de la columna y el estiramiento. Se denomina la sierra en el método, porque la mano imita el movimiento de una sierra cortando hacia el pie contrario. Es un ejercicio que aporta elasticidad y movilidad a la espalda.

Nos sentamos sobre los isquiones con las piernas separadas algo más que el ancho de la cadera y si lo necesitamos, doblamos las rodillas para sentarnos con la espalda recta.

Para ayudarnos, podemos colocar la mano detrás apoyada en el suelo. Estiramos la espalda y la otra mano sobre el balón.

Iniciamos una rotación de columna, girando el torso hacia el lado e inspirando profundamente.

Sentiremos las costillas y la apertura con la inspiración. Hay que contraer la musculatura anterior del muslo y los glúteos, mientras inspiramos.

Esta acción antagonista de la parte posterior de la pierna ayuda al estiramiento.

Espiramos y hundimos el ombligo hacia dentro, aflojando la contracción muscular del muslo y glúteos y alargando un poco hacia el balón la mano que se dirige hacia el pie contrario. Alargamos la espalda y el hombro desde el omóplato, las piernas deben estar bien apoyadas y los talones no se mueven.

Las caderas estarán ancladas en el suelo, evitando que se muevan o se despegue el glúteo o el isquión contrario. Podemos hacer dos o tres respiraciones, rotando y estirando, hasta permanecer dos respiraciones largas estirando en un lado, para después cambiar sobre el otro.

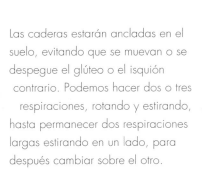

También hacemos el movimiento más dinámico cambiando de lado a lado, pero sin apoyar la mano de atrás, que se estirará en la diagonal. Cuando terminamos, podemos hacer un estiramiento completo tumbado, para pasar a ejercicios de cadera y pierna.

> **RECUERDA**
>
> El movimiento no debe ser un rebote, sino un avance progresivo con la espiración. Daremos elasticidad a la zona lumbar, utilizando la contracción abdominal y la rotación. Evitaremos que las piernas avancen y que los isquiones y los talones se muevan.

05. ESTIRAMIENTO ANTAGONISTA Y OPOSICIÓN

Para ayudar al estiramiento usamos la técnica de estiramiento antagonista y oposición. Quiere decir que para aflojar mejor los isquiotibiales (parte posterior del muslo), u otra zona corporal, tenemos que contraer la musculatura antagonista, que son los cuádriceps en este caso. Así, cuando inspiramos, contraemos de forma isométrica el muslo anterior para soltar cuando espiramos y dejar que se alargue suavemente tanto la baja espalda como la parte posterior del muslo.

A su vez existe una oposición que en este caso se traduce en que el talón se dirige hacia el frente y el isquión hacia atrás. La zona abdominal y el suelo pélvico son antagonistas de la zona lumbar; así, cuando contraen la espalda, se estira mejor.

SERIE LATERAL DE CADERA Y PIERNA

Esta secuencia de ejercicios trabaja el muslo y la musculatura que rodea la articulación del fémur con la cadera desde aductores y abductores hasta los rotadores internos y externos de la pierna y cadera, los músculos externos como glúteos, tensor de la fascia lata, etc., que a su vez son ayudados por los músculos profundos de la cadera, como obturadores, piramidales, y géminos, entre otros, unido al psoas-ilíaco y los que estabilizan la cadera; o sea, nos referimos en resumen a nuestro centro, nuestro equilibrio, que además son los músculos base, que dan movilidad a las piernas.

Esta zona corporal suele estar bastante colapsada, por un lado la fascia lateral del muslo suele acumular una gran cantidad de toxinas, y sobre todo en las mujeres, donde la celulitis se hace más presente que en los hombres, aunque no sea algo exclusivo de ellas. En los hombres, toda la zona de la cadera suele estar bastante bloqueada, la musculatura es más fuerte y acortada en la mayoría de los casos, además de tener menos flexibilidad.

Por otro lado, la musculatura está acortada y contracturada, por las malas posturas sentados o de pie durante largas horas y esto, unido a la falta de ejercicio y movilidad, la mala alimentación y los hábitos no saludables bloquea la zona, así que si queremos mejorar esta parte del cuerpo, debemos hacer éste y otros tipos de movimientos, combinados con ejercicio aeróbico (correr, bailar, nadar, largas caminatas, motar en bicicleta, etc.) y, por supuesto, de los estiramientos que deben acompañar todo ejercicio físico, antes y después del trabajo.

También hay quien, por el exceso de movimiento, como deportistas o bailarines, que someten al cuerpo a intensos entrenamientos, pueden sufrir lesiones y contracturas. No es casualidad que el método Pilates sea utilizado por artistas y competidores para evitar lesiones o rehabilitarse de las producidas por el esfuerzo del trabajo intenso. Un buen calentamiento antes del ejercicio, unido a estiramientos y masaje, son necesarios para evitar lesiones. En los ejercicios clásicos se denominan *Side kicks* (patadas laterales), donde se incluyen numerosos ejercicios con las piernas estiradas. En este libro introducimos una serie de movimientos, que son de por sí muy completos para trabajar esta zona, cualquier persona puede hacerlos y también sirven como preparatorio a los ejercicios avanzados con las piernas estiradas, que veremos en el próximo capítulo, en los ejercicios de balón.

01. POSICIÓN INICIAL

Primero nos ponemos de costado en la parte lateral de la colchoneta, estirados, como si tuviésemos una pared en el límite donde apoyarnos.

Colocando la posición de la silla, ahora de costado, con los muslos a la altura de la articulación de la cadera y las tibias en ángulo de 90°, activamos la zona abdominal que estará respirando con el ejercicio, evitando que el vientre quede flácido. El costado está estirado y tonificado, intentaremos que si pasamos una mano por debajo haya hueco entre la colchoneta y las costillas y la cadera.

02. ABRIR Y CERRAR

Levantamos la pierna el ancho de cadera, como si hubiese una pelota entre las rodillas y otra entre los tobillos.

Sujetamos la pierna suspendida, tomamos aire arriba y espiramos cerrando, sólo tocamos la rodilla y el pie de la otra pierna, pero sin apoyarnos. Repetimos de seis a ocho veces, inspirando al abrir y espirando al cerrar, con los abdominales activos con el movimiento.

03. RODILLA Y ROTACIÓN

Ahora mantenemos la pierna arriba inspirando y sólo bajamos la rodilla hasta tocar, creando una rotación del fémur en la cadera. La respiración es igual: inspirar-abrir, espirar-cerrar.

04. TALÓN

Dejamos el muslo y la rodilla arriba, mientras el talón baja a tocar el otro, inspirando al abrir y soltando el aire para bajar.

Tendremos la respiración activa, manteniendo la estabilidad de la cadera. Evitaremos que el muslo se vaya cayendo (si nos cuesta, haremos menos repeticiones y subiremos menos la pierna).

05. EMPUJE DEL TALÓN

Imaginemos que empujamos un pedal: inspiramos y, soltando el aire, alargamos la pierna hacia el talón.

Doblando de nuevo, inspiramos, pero sin sobrepasar la zona abdominal, sino que trabajamos desde la cadera. Repetimos el movimiento.

RECUERDA
Tendremos cuidado al estirar para no forzar la rodilla, porque la musculatura del muslo y de toda la pierna está trabajando todo el tiempo.

06. CÍRCULOS PEQUEÑOS

Estiramos la pierna, todavía sin apoyarla, y realizamos tres círculos pequeños en un sentido y después en el otro. Extenderemos bien la pierna desde la cadera.

Intentaremos respirar en cada círculo de un modo lento y controlado.

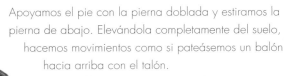

07. TONIFICACIÓN INTERNA

Vamos a trabajar la cara interna del muslo para fortalecer los aductores.

Apoyamos el pie con la pierna doblada y estiramos la pierna de abajo. Elevándola completamente del suelo, hacemos movimientos como si pateásemos un balón hacia arriba con el talón.

Haremos varias veces el movimiento y mantendremos arriba un poco al final.

08. ESTIRAMIENTO Y MASAJE

Cuando terminamos el último ejercicio, estiramos la pierna delante.

Con la mano, realizamos un masaje en toda la zona, desde la rodilla, el lateral del muslo, el glúteo y también la zona lumbar, primero con los dedos y los nudillos para estimular la circulación y eliminar, y después con la mano cerrada, realizando una percusión para soltar y relajar más.

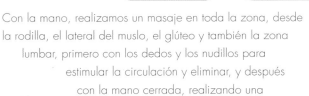

TONIFICACIÓN DE ESPALDA (PRIMERA SERIE)

Ésta es la primera serie que hacemos para la musculatura de la espalda, por lo que vamos a realizarla suavemente, sin subir demasiado, de forma controlada. Por supuesto, las personas con alguna lesión de columna sabrán que tendrán que hacerlo bajo supervisión del terapeuta o monitor. En la tabla del método Pilates, los ejercicios de extensión de columna o tonificación siempre van precedidos de la serie de abdominal y otros que preparan y fortalecen el centro y la faja que sujeta, para poder hacer otros ejercicios. Estos movimientos van fortaleciendo los músculos paravertebrales y extensores de la columna, que dan fuerza, sujetan y protegen nuestra espalda.

Nos inician para otros ejercicios de Pilates para espalda, como la natación, el cisne, etc. que haremos más adelante. Realizándolos con cuidado y con la técnica concreta, notaremos resultados excelentes, apoyados por los demás ejercicios de tonificación abdominal y estiramientos. Muchas personas, al poco tiempo de practicar Pilates, descubren sus efectos rápidamente y mejoran su postura considerablemente, aliviando las dolencias de espalda tan usuales hoy día.

Tumbados boca abajo, estiramos las piernas juntas o cerca y apoyamos relajadamente la frente sobre las manos. Hay personas con problemas de espalda que necesitan colocar un cojín o almohada debajo del vientre para compensar la lordosis lumbar. Si la postura resulta molesta, podemos usar el cojín las primeras veces hasta que nos acostumbremos.

Ahora corregimos la posición, que será igual para todos los ejercicios de espalda: el anclaje de la pelvis, que protege las lumbares y trata de accionar el cóccix hacia la colchoneta. No hace falta apretar los glúteos, pero al principio, si lo necesitamos para controlar y proteger mejor la espalda, los usaremos y más adelante anclaremos la pelvis sin forzar.

El vientre tiene que estar trabajando para tener la faja abdominal activa y que pueda sujetar la espalda desde el centro. Cuando inspiramos, el ombligo no se desploma, relajando y sacando la tripa, sino que está estirado activo y cuando espiramos, queremos tocar el techo con él; o sea, contraemos los abdominales tirando del ombligo hacia la columna.

Colocamos el segundo centro con los omóplatos abiertos y los hombros hundidos. El cuello está estirado y tonificado y no cerramos la nuca cuando extendemos la espalda para subir.

01. ELEVACIÓN DEL TRONCO

Inspiramos y vamos subiendo la espalda, despegando los brazos y un poco el torso. Lentamente, contando si es preciso, tomamos aire en cuatro tiempos evitando dar tirones.

Bajamos espirando despacio, sin llegar a apoyarnos en la colchoneta, y la zona abdominal estará ahuecada.
Repetimos el movimiento.

> RECUERDA
> - No hay que forzar, sino ir despacio con la respiración. Si no podemos solos subiremos un poco, aunque despeguemos un centímetro, la musculatura está trabajando, e irá tomando fuerza.
> - Este mismo ejercicio lo hacemos sobre el balón, con la misma colocación, anclaje y respiración.
> - Si todavía nos cuesta este ejercicio haremos uno más fácil, que es colocando los brazos apoyados como una esfinge para ayudarnos a subir con ayuda, pero recordemos sentir y tonificar la musculatura erectora de la columna con el apoyo abdominal y respiratorio.

02. EXTENSIÓN CON ELEVACIÓN DE PIERNA

Manteniendo la espalda arriba, apoyamos un poco los brazos pero sin hacer fuerza: nos tiene que sujetar la espalda.

Subimos una pierna, estirada desde el muslo al inspirar y la bajamos al espirar. Seguimos anclando la pelvis, con el cóccix hacia la colchoneta y la zona abdominal trabajando.

Hacemos de tres a seis repeticiones con una pierna cada vez.

Con las piernas bien juntas en posición de Pilates, se levantan intentando despegar los muslos del suelo.

03. APLAUDIR CON LOS TALONES

Este ejercicio lo incluimos para fortalecer la parte baja, las piernas y los glúteos. Después del anterior, apoyamos la frente otra vez sobre las manos.

Al llegar arriba, los talones aplauden, abriendo y cerrando rápidamente, durante dos o tres respiraciones y después manteniendo un poco las piernas juntas arriba.

A continuación lo repetimos, pero cruzando los talones.

Bajamos despacio, apoyando con control, y ya podemos soltar el anclaje para estirar. Hacemos el estiramiento completo, sólo que boca abajo.

Posteriormente, nos colocamos del otro costado para trabajar toda la serie del ejercicio lateral de cadera y pierna. Después volvemos a tumbarnos boca abajo, para hacer una segunda serie de espalda más intensa.

TONIFICACIÓN DE ESPALDA (SEGUNDA SERIE)

Estos ejercicios son más físicos, por lo que si al principio nos cuesta demasiado, sólo haremos la primera serie de tonificación y pasaremos a otros movimientos. La técnica de sujeción y estabilización es la misma, así como las correcciones de hombros y cuello.

01. NATACIÓN LENTA

Este ejercicio trabaja la musculatura de la espalda de forma cruzada, lo cual es muy efectivo.

Nos colocamos boca abajo con los brazos y las piernas estiradas. Elevamos el tronco suavemente. Mantenemos el anclaje y la respiración activa.

Inspiramos subiendo un brazo y la pierna contraria al mismo tiempo, despacio, y con el ritmo respiratorio.

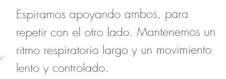

Espiramos apoyando ambos, para repetir con el otro lado. Mantenemos un ritmo respiratorio largo y un movimiento lento y controlado.

02. NATACIÓN DINÁMICA

Éste es el ejercicio clásico. Es igual que el anterior, sólo que no apoyamos brazos ni piernas, y el movimiento es más rápido y fluido.

Hay que mantener la respiración larga y profunda, como si nadásemos en el agua, cogiendo fondo, cada vez aguantaremos más respiraciones sin parar.

03. LA ESTRELLA DE MAR

Mantenemos brazos y
piernas en posición estática y
suspendidos mientras
respiramos.

Sujetamos el cuerpo tonificando aún más la musculatura posterior.
Realizamos dos o tres respiraciones largas, corrigiendo hombros, cuello, brazos
y piernas bien estiradas y con el centro abdominal activo.

04. NADAR A BRAZA

Ésta es una variación del ejercicio anterior.
En la postura de la estrella, seguimos sin apoyar el torso, sujetos por
la musculatura de la espalda. Las piernas están estiradas sin apoyar
los pies. Imaginamos la acción de nadar a braza, donde estiramos
los brazos delante con las manos juntas, mientras exhalamos.

Abrimos los brazos para dar la brazada, inspirando,
elevando el tronco suavemente y repitiendo el
movimiento varias veces hasta quedarnos en la
posición estática.

Bajamos lentamente hasta apoyar manos, pies y torso y
relajamos el anclaje de la pelvis. Estos ejercicios los
trabajamos también sobre el balón, para una mayor
tonificación.

RECUERDA

- Para estirar, utilizamos el estiramiento completo cruzado boca abajo.
- Como hemos tonificado en diagonal, alargamos también lateralmente y cruzado para
  compensar.
- Descubriremos cómo cada vez tenemos más fuerza y nuestra espalda nos sorprende.
- Si somos perseverantes y practicamos habitualmente, pronto nos veremos andando o sentados
  más derechos, más esbeltos y con menores achaques de espalda.
- Esta secuencia hay que hacerla con cuidado, al principio recomendamos trabajar sólo la
  primera serie de espalda, y de la segunda empezar sólo con natación lenta y estrella. Cuando
  llevemos un tiempo y nuestra espalda lo permita, introduciremos otros movimientos dinámicos
  y aumentaremos las repeticiones.

ESTIRAMIENTO ANTERIOR DINÁMICO

Éste es un ejercicio para alargar la zona abdominal después de los ejercicios de tonificación, para equilibrar el esfuerzo durante la sesión.

Apoyamos las manos a los lados del pecho, elevamos el cóccix hacia arriba, despegando un poco la cadera mientras inspiramos. Esta acción se hará de forma suave y controlada, sobre todo si tenemos molestias en la zona lumbar. Empujando los glúteos, anclamos la pelvis (colocando el cóccix hacia la colchoneta), espiramos y, usando los brazos, levantamos el cuerpo estirando desde la pelvis, los abdominales y la parte anterior del tronco.

Después bajamos inspirando y elevando la pelvis cuando apoyamos, para repetir el estiramiento tres veces.

Al final nos mantenemos en la postura y hacemos giros de cuello, para mirar atrás.

Inspiramos en el centro y espiramos girando hasta mirar el pie de atrás, al tiempo que la cadera contraria empuja un poco hacia el suelo, para pronunciar el estiramiento abdominal. Repetimos dos o tres veces a cada lado y terminamos en la postura de descanso.

RECUERDA

- La acción de los glúteos y el anclaje, además de matener la zona abdominal tonificada, protege la espalda mientras hacemos el estiramiento.
- Hay personas con problemas en la zona lumbar a las que este ejercicio les resulta molesto, pueden apoyar los antebrazos y estirar sin subir tanto, o descartar esta postura y estirar la zona abdominal con otros movimientos como el estiramiento completo.

POSTURA DE DESCANSO

Esta posición estira la espalda, relaja la zona lumbar, afloja la cadera, y estira desde los tobillos hasta la musculatura anterior del muslo. Ayuda a relajarnos, recuperando el aliento y es una postura muy agradable que calma la mente.

Llevamos la cadera hacia los talones, manteniendo los brazos estirados. Aunque parezca una posición estática, en Pilates no lo es. Como en el estiramiento completo, aquí también hacemos un movimiento en oposición.

Inspiramos y al espirar, llevamos de un lado el glúteo hacia el talón, mientras el brazo de ese costado estira lejos. Sentimos cómo se alarga el costado y la musculatura de la espalda, así como las piernas. En el centro volvemos a tomar aire para soltarlo estirando el otro lado.

Recordemos que la zona abdominal seguirá estando activa ahí dentro; asimismo, al inspirar, las costillas y la espalda hacen su ejercicio respiratorio como en todos los movimientos y posturas. Haremos el estiramiento, pero cruzado, llevando por ejemplo el glúteo derecho hacia el talón, mientras alargamos el brazo izquierdo hacia delante, siempre exhalando al estirar, y después cambiando para hacer la otra diagonal. La otra opción es estirar paralelamente hacia los dos talones y los dos brazos en oposición.

LA ESTATUA

Esta postura requiere cada vez más fuerza y control. Trabaja la parte anterior del tronco, fortaleciendo abdominales, zona pectoral y brazos, además de tonificar la espalda, siendo un ejercicio muy beneficioso y que pueden hacer también personas con problemas de espalda, embarazadas, etc. aunque adaptando el ejercicio para empezar sólo con la preparación.

01. LA MESA

A cuatro patas, con las rodillas paralelas el ancho de la cadera en ángulo recto y las manos separadas el ancho de los hombros, alineamos la espalda, recordando el ejercicio inicial de corrección postural de los tres centros.

02. LOS TRES CENTROS

Primero tendremos la zona lumbar estirada, imaginando que la colchoneta está encima y colocamos la posición neutra, con la parte delantera activada (con los abdominales estirados al inspirar y el ombligo hacia arriba al espirar).

Corregimos el segundo centro, donde los omóplatos están abiertos, los hombros hundidos hacia la cadera y el pecho activo, con los brazos estirados, pero sin bloquear el codo.

En el tercer centro, la cabeza y el cuello estarán alineados con la columna, como si nos apoyáramos en la colchoneta atrás, con el mentón un poco hacia dentro, pero sin bajar la cabeza.

Mantenemos unas respiraciones la postura, que ya de por sí tiene su efecto, alineando la espalda y tonificando la parte anterior del tronco. Según vamos tomando fuerza y control, pasamos a la posición de la estatua, con sus variaciones.

03. LA ESTATUA ESTÁTICA

Ahora, sin perder la alineación de la espalda,
ni la tonificación abdominal, despegamos y
estiramos un brazo hacia delante.

A continuación, apoyamos y estiramos
el otro, comparando la fuerza y
sujeción de uno u otro lado.

Después probamos con las piernas:
estiramos deslizando el pie por el suelo
y después levantamos la pierna hasta la
horizontal, evitando perder la posición
de la espalda estirada y el ombligo
activo de siempre.

Cambiamos de pierna y
comparamos el equilibrio.

Vamos progresando. Si al
principio lo necesitamos, sólo
hacemos estos dos pasos
anteriores; cuando estemos
preparados, avanzamos.
Alargamos un brazo primero y a
continuación la pierna contraria.

Mantenemos la postura estática
como si fuésemos una estatua,
donde sólo se mueve nuestra
respiración activa.

Estiramos bien desde la punta del pie hasta los dedos de la mano contraria. Mantenemos la corrección postural, desde las lumbares, los hombros, el cuello y el centro abdominal. Con dos o tres respiraciones manteniendo la postura es suficiente. Apoyamos y alineamos otra vez para cambiar de lado.

04. LA ESTATUA EN MOVIMIENTO

Es más avanzado, se trata de que, desde la posición estática, comencemos un movimiento, pero manteniendo el mismo apoyo de una mano y la pierna contraria. Recogemos la rodilla y doblamos el codo como si quisiesen tocarse, todo esto sin apoyar mientras espiramos en contracción.

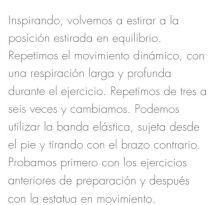

Inspirando, volvemos a estirar a la posición estirada en equilibrio. Repetimos el movimiento dinámico, con una respiración larga y profunda durante el ejercicio. Repetimos de tres a seis veces y cambiamos. Podemos utilizar la banda elástica, sujeta desde el pie y tirando con el brazo contrario. Probamos primero con los ejercicios anteriores de preparación y después con la estatua en movimiento.

05. POSTURA DE DESCANSO

Terminamos con el estiramiento en la posición de descanso, alargando de forma lateral y cruzada, ya que hemos trabajado en diagonal. Hacemos un estiramiento en oposición cruzado.

Los ejercicios para fortalecer los costados, que son el soporte lateral del centro de poder, son variados. Desde el ejercicio denominado *Mermaid* (la sirena), *Side bend* (extensión lateral), hasta las patadas laterales de rodillas. En esta sección se incluye la variación con la banda elástica y más adelante sobre el balón, tanto para iniciarnos en el movimiento, como para avanzar en la técnica.

01. EXTENSIÓN LATERAL CON BANDA ELÁSTICA

Éste es un ejercicio que cuesta al principio, ya que esta musculatura no está acostumbrada a trabajar. Tengamos en cuenta que es parte de la faja anatómica, por lo que debemos tonificarla igual que todo lo demás. Nos ayudaremos al principio subiendo poco, colocando la pierna de arriba delante y apoyada para dar más estabilidad. Lo hacemos primero sin trabajar con la goma y después la incluimos, así como posteriormente haremos sobre el *Fitball*.

Nos colocamos de lado sobre la colchoneta, apoyándonos sobre el antebrazo, el codo está situado en la misma vertical debajo del hombro y las piernas juntas y dobladas en posición de silla.

Sujetamos la goma entre ambas manos, levantamos el tronco hasta que el cuerpo esté alineado desde las rodillas hasta la cabeza.

Los puntos de apoyo serán el antebrazo y desde la rodilla hasta el tobillo de la pierna de abajo.

Empujamos un poco el cóccix y usamos los glúteos y abdominales para ayudarnos a mantener la posición. El brazo de arriba está doblado en la línea del pecho, con la goma sujeta. Al principio se puede hacer el ejercicio sin la banda elástica y cuando nos sintamos más seguros en la práctica, la incluiremos en el movimiento.

Corregimos la posición del cuello para que esté sujeto y tonificado. Tendremos cuidado con no encoger el hombro del brazo de apoyo, y de que la zona costal, pectoral y dorsal estén trabajando. O lo que es lo mismo, mantener el segundo centro activo.

Tonificamos el centro abdominal e inspiramos mientras estiramos de la goma, abriendo el brazo de arriba. Espiramos al volver a su posición inicial lentamente, recordando la contracción abdominal.

El tronco permanece suspendido todo el ejercicio. Repetimos el movimiento tres o cuatro veces al principio, hasta apoyar y cambiar de lado.

Como ejercicio más avanzado, será primero con las piernas estiradas. Y aún más fuerte, con el único apoyo de la mano en lugar de apoyar las piernas.

ELEVACIÓN DE PELVIS EN BALÓN

Este ejercicio lo haremos primero con los pies apoyados en posición básica. Aquí vamos a utilizar el *Fit-ball* para aumentar la dificultad con la inestabilidad que caracteriza de por sí a la pelota y que hace el ejercicio más exigente.

Con la elevación de pelvis trabajamos los glúteos, las piernas y los abdominales, descargamos la zona alta de la espalda y preparamos para ejercicios como el puente sobre los hombros, *Shoulder bridge,* el *Leg pull up* y otros que requieren elevar la cadera por encima del torso, o tener una buena base firme de glúteos y del centro abdominal, así como de las piernas.

Adoptamos la postura básica colocando las piernas en la posición de silla, con los pies sobre el balón. Aquí podemos hacer varias respiraciones trabajando la colocación de la espalda.

Retomamos la primera sección.

Primero hacemos un movimiento progresivo. Tiramos del cóccix hacia arriba, como un perro que remete su cola cuando se asusta, inspiramos y elevamos suavemente desde el sacro y al espirar, volvemos a bajar lentamente.

Cada vez que subimos de nuevo, elevamos un poco más la espalda, pasando por cada vértebra e imprimiendo la columna.

Seguimos hasta despegar la espalda de la colchoneta, quedándonos sobre los hombros. No pondremos nada de peso en la cabeza ni el cuello.

Contraemos los glúteos y los abdominales para sujetar. Respiramos y mantenemos la postura.

RECUERDA

Como siempre, debemos evitar las tensiones y posibles lesiones provocadas por forzar innecesariamente el cuello. Si nos hace falta, usaremos un pequeño cojín o una toalla doblada para colocar la cabeza más cómoda.

01. PUENTE CON LAS PIERNAS ESTIRADAS

Después de haber trabajado el ejercicio anterior, aumentamos el rendimiento.

Con las piernas estiradas sobre el balón hacemos la elevación de pelvis. Respiramos con el movimiento y estabilizamos la postura durante unos segundos para bajar después lentamente.

CONSEJO

Es importante comenzar los ejercicios de menos a más, no tener prisa ni exigir al cuerpo más de lo que su propio ritmo puede ofrecer. Nos iniciaremos con los que nos resulten más fáciles y los iremos complicando cuando adquiramos cierto nivel.

02. ESTIRAMIENTO DE UNA PIERNA

Manteniendo el puente, subimos una pierna hacia arriba al inspirar y soltamos aire al bajar, con la otra pierna hacemos fuerza de apoyo sobre el balón.

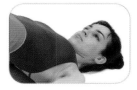

Cambiamos de pierna a cada respiración. Hacemos de tres a cuatro repeticiones y bajamos de nuevo con control vértebra por vértebra.

Terminamos el ejercicio estirando con la posición de descanso y fuelle, para relajar y estirar la zona trabajada. Haremos algunos estiramientos antes de pasar a la última parte.

Después de estas posturas estamos preparados para comenzar el entrenamiento avanzado que incluye ejercicios sobre el *Fitball* y también de pie.

BENEFICIOS

Todos los ejercicios que hemos visto en esta sección son muy activos, de ritmo fluido y bien acompasados por la respiración. Junto a la sección de entrenamiento básico y la de ejercicios de corrección postural y de técnicas respiratorias, puede constituirse un completo plan deportivo para cualquier persona. Los siguientes ejercicios que veamos sólo serán para personas con un nivel muy avanzado en Pilates. No obstante, aunque sólo lleguemos hasta aquí, estaremos ofreciendo grandes beneficios a nuestro cuerpo y nuestra salud:

- Es una ayuda inestimable en la recuperación de lesiones y previene los dolores de espalda provocados por una mala corrección postural.
- Mantiene en forma a quien lo practica, otorgándole fuerza, equilibrio y flexibilidad.
- Mejora la oxigenación del cuerpo gracias al control de la respiración y fomenta la concentración mental, la precisión corporal, la relajación física y la memoria.
- Endurece la musculatura y ayuda a conservar la silueta, siendo un buen aliado en las personas con tendencia a engordar y mejorando su autoestima.

Una vez que hemos tonificado y preparado el cuerpo, en esta parte vamos a desarrollar otro tipo de ejercicios. Hay que seguir todo el proceso, no empezando directamente con estos ejercicios fuertes, ni saltando el calentamiento, ni pasando a trabajar sobre el balón sin haber hecho la tabla en colchoneta. Si seguimos la filosofía del método, empezando tumbados, y seguimos a posición sentada hasta llegar a ponernos de pie, notaremos el proceso y el beneficio del sistema Pilates.

En esta sección vamos a realizar movimientos sobre el balón y de pie, con la banda elástica y con otros elementos. Se trata de trasladar la colocación y sujeción de la técnica Pilates en suelo, a posiciones que habitualmente tenemos, ya sea cuando trabajamos sentados o de pie, caminamos, hacemos algún deporte o desarrollamos actividades cotidianas. Gracias a la base inestable que representa el balón, se van a tonificar músculos internos y pequeños grupos que normalmente no utilizamos, los cuales ayudan a la musculatura externa para estabilizar y sujetar la cadera, la espalda, el tronco, etc. Mientras mantenemos diferentes posiciones erguidas, vamos introduciendo la corrección postural y la respiración aprendidas en los ejercicios anteriores.

EJERCICIOS SOBRE EL BALÓN *(FITBALL)*

Primero elegiremos el diámetro adaptado a nuestra altura, como ya se explicó en el apartado de consejos para comenzar. Es importante elegir el adecuado a nuestra altura y acondicionamiento.

La posición más idónea es la que, una vez sentados, con las piernas paralelas y en ángulo, la cadera queda a nivel de las rodillas o un poco más alta, pero nunca por debajo del nivel de los muslos, que estarán paralelos al suelo.

01. POSICIÓN BÁSICA

Como en la colchoneta, vamos a iniciar la sesión alineando la postura correcta para trabajar sobre la pelota. Nos situamos sentados desde el medio hacia delante del balón, con los gemelos separados de éste. Esto nos da más seguridad, evitando que nos desequilibremos hacia atrás.

Colocamos el apoyo de la cadera (sobre los isquiones), alineamos la zona lumbar en posición neutra con la pelvis y activamos el centro energético.

Estiramos la espalda como si tuviésemos pegada la colchoneta en vertical, corrigiendo el segundo centro y colocando hombros y omoplatos.
El cuello está activo y estirado, bien sujeto durante los ejercicios. Trabajamos la respiración como hacemos en la primera parte, activando las costillas y la zona abdominal.

02. REBOTES EN BALÓN

Este ejercicio, bien ejecutado, relaja el cuerpo y afloja tensión en el sistema nervioso. Hay que tener precaución para que, mientras rebotamos, no soltemos la posición básica donde nuestro centro abdominal está activo, con la espalda protegida y el cuello activo, evitando que bascule la cabeza.

Comenzamos con pequeños rebotes, respirando profundamente y exhalando largo por la boca para relajar, dejando que los hombros pesen.

Según vamos controlando el movimiento, hacemos un rebote mayor, pero recordando que cuanto más fuerte y alto sea el rebote, más debemos tonificar y sujetar el centro, la espalda y el cuello para evitar lesiones.

El rebote lo hacemos al principio y lo podemos intercalar durante la serie sobre el balón, así como al final para soltar.

03. MOVIMIENTOS

Sobre este rebote, posteriormente, se hacen multitud de ejercicios, con movimientos de brazos, girando alrededor o combinando brazos y piernas en diferentes coreografías donde se requiere control y coordinación.

Al ritmo de una música y en grupo, son muchas las posibilidades que da este aparato, que aporta beneficios a la par que es divertido y agradable.

Aquí sólo mostraremos algunos ejercicios sobre balón, pero la variedad de movimientos sobre este elemento se podría desarrollar en varios manuales.

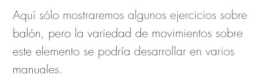

04. BALANCEOS DE CADERA

Estos movimientos se hacen tanto para soltar y movilizar el área comprendida entre la cadera, la zona lumbar y el centro abdominal, como para tonificar el suelo pélvico y tomar conciencia de esta región anatómica.

• POSICIÓN BÁSICA

Tomamos conciencia de la zona de apoyo, los isquiones, el perineo, y los puntos opuestos de la punta del sacro y la pelvis. Tomamos conciencia del cuenco pélvico y la musculatura que la rodea y sujeta.

• DELANTE Y ATRÁS

Inspiramos y el cóccix se dirige hacia atrás, con anteversión de la pelvis. La zona abdominal está activa y el perineo sujeta levemente.

Espiramos y dirigimos la punta del sacro hacia delante, con retroversión de la pelvis. El ombligo se contrae y el suelo pélvico se eleva suavemente.

• LATERAL

Manteniendo la posición neutral, trasladamos la cadera desde un isquión a otro. Inspiramos en el centro y espiramos a cada lado.

Respiramos, visualizamos y contraemos suavemente el perineo, intentando diferenciar e independizar el lado derecho del izquierdo.

• CUADRADO Y CÍRCULO

Ahora marcamos estos puntos cardinales, dirigiendo desde el
cóccix. Hacia atrás y al lado inspiramos, mientras que delante y
de lado, espiramos.

Dibujamos este cuadrado tres veces y a continuación un círculo
pasando por estos puntos con la misma respiración, además del
trabajo de suelo pélvico y de la tonificación abdominal.
Intentamos dividir el perineo en cuatro secciones y pensaremos en
contraer suave y uniformemente cada una durante el movimiento.

• POSICIÓN DE SILLA Y ELEMENTOS

Podemos utilizar el aro mágico o pelota
mediana para presionar y tonificar las piernas,
en la posición de silla, mientras hacemos
algunos ejercicios sobre el balón, aumentando
la fuerza y el control.

RECUERDA

Es un movimiento de balanceo, pero sin forzar
la zona lumbar, evitando contraer los glúteos, y
tonificando la musculatura del perineo, pero
suavemente.
Las piernas están en posición de silla e
impedimos que se muevan, el trabajo está
concentrado en el núcleo energético.

05. ESTIRAMIENTO LATERAL Y REDONDO DE LA ESPALDA

Se trata de un ejercicio de tonificación y estiramiento de los costados, con control del centro y movilidad de la columna, parecido al ejercicio en suelo de la tabla clásica denominado *Mermaid* (la sirena), donde fortalecemos la faja anatómica desde los costados y la zona dorsal.

• **EXTENSIÓN LATERAL**

Desde la posición básica, estiramos un brazo hacia arriba y el otro hacia el balón.

Inspiramos y alargamos aún más el costado hacia arriba.

Espiramos y deslizamos el brazo del balón hacia el suelo, mientras el otro permanece alto hacia el cielo.

Controlamos la cadera para que no se desplace, ayudándonos de la contracción abdominal y dejando caer la cabeza hacia el lateral.

Inspirando y tirando del brazo de arriba tonificamos la musculatura costal hasta recuperar de nuevo la vertical.

Repetimos el movimiento tres o cuatro veces, bajando cada vez un poco más.

• EXTENSIÓN Y REDONDO

A partir del ejercicio anterior, llevamos el brazo de arriba hacia el lateral primero y después en diagonal hacia el frente.

Realizamos una respiración profunda exhalando largo.

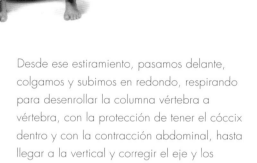

Desde ese estiramiento, pasamos delante, colgamos y subimos en redondo, respirando para desenrollar la columna vértebra a vértebra, con la protección de tener el cóccix dentro y con la contracción abdominal, hasta llegar a la vertical y corregir el eje y los hombros.

RECUERDA
Este ejercicio desbloquea todo el tren superior proporcionando bienestar y flexibilidad.

Cambiamos de brazo para trabajar la extensión lateral y redondo con el otro costado. Hacemos tres repeticiones a cada lado.

06. LA VUELTA AL MUNDO

Este ejercicio, además del trabajo de los anteriores, proporciona una gran movilidad de la espalda. Es un movimiento que hacemos de pie en calentamientos de danza, con redondos de torso donde el centro está firme.

Vamos a realizar un círculo completo, pasando desde arriba por el lateral, la diagonal y delante hasta el otro lado por donde subimos a la vertical y al centro.

9

1

2

3

Inspiramos desde el centro y hacemos el movimiento lateral y giro por delante soltando el aire y recordando la contracción abdominal.

Desde el costado, corregimos el torso mirando al frente. Cambiando de brazo e inspirando, subimos lateralmente y volvemos al centro, para continuar el movimiento.

4

Repetimos el movimiento de tres a seis veces en una dirección y cambiamos para ejecutarlo hacia el otro lado.

8

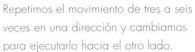

7

6

5

- Durante el movimiento, la cadera se mantiene firme sobre el balón, utilizaremos los abdominales fuertes y el suelo pélvico.
- Los pies y las piernas estarán firmemente sujetos, evitando que se muevan o descoloquen.
- Tendremos los brazos colocados desde el omóplato y tirando hacia la cadera. Mantenemos los hombros hundidos.
- Sentiremos el trabajo de movilidad de las costillas en toda la zona dorsal.
- El cuello permanecerá estirado y tonificado durante el ejercicio.
- Imaginemos un rayo de luz desde la coronilla, que apunta al cielo y dibuja un gran círculo pasando por la tierra, para dirigir el movimiento desde el centro ayudándonos con la respiración coordinada.

07. RODAR Y FLEXIÓN ABDOMINAL

Se trata de hacer el ejercicio de rodar atrás, pero sobre la base inestable del balón, con ejercicios de flexión abdominal para fortalecer la faja anatómica. La técnica y respiración se harán como en la colchoneta, primero efectuamos sólo el ejercicio de rodar, después añadimos los giros de cintura atrás y otras muchas variaciones más avanzadas. Empezamos por las sencillas y vamos incluyendo otras con dificultad.

• **RODAR ATRÁS**
Desde la posición básica, basculamos la pelvis atrás (con el cóccix hacia delante), inspiramos y espiramos mientras caminamos dos pasos delante y el sacro y lumbares se apoyan.

Podemos colocar las manos sobre el balón al principio para tener seguridad. La parte superior del tronco estará en flexión abdominal.

Inspiramos y espiramos (co-contracción) caminando hacia atrás hasta recuperar la posición inicial.

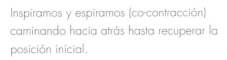

La siguiente repetición intentaremos avanzar un poco más, apoyando cada vez más la espalda. Pensemos en imprimir el sacro y la columna sobre el balón.

• FLEXIÓN ABDOMINAL

Rodamos varias veces hasta quedarnos atrás, donde vamos a hacer la flexión abdominal sobre el balón con las mismas pautas que en la colchoneta.

En esta posición también podemos realizar el ejercicio del cien, pero sobre el balón. Inspiramos mientras bajamos un poco hasta apoyar sólo el pico de los omoplatos, y volvemos a espirar despegándolos.

Se trata de hacer un pequeño movimiento, mientras la cabeza permanece hacia arriba con la mirada hacia el ombligo todo el tiempo.

• FLEXIÓN EN OBLICUO

A continuación, giramos el tronco en diagonal, desde las costillas y elevando un lado. Se despegará el omóplato contrario de la colchoneta, y manteniendo el apoyo sobre el pico de lado que giramos, realizamos la pequeña flexión abdominal, pero en oblicuo. Después de hacer tres o seis movimientos, regresamos al centro, donde podemos, o bien descansar apoyando otra vez atrás la cabeza y los codos, o repetir una secuencia al centro y cambiar de lado girando, para hacer la flexión en oblicuo.

• EL CIEN

Manteniendo la posición sobre el balón hacemos el ejercicio del cien, de igual forma que en la colchoneta, sólo que aquí con el equilibrio y la exigencia del trabajo sobre la pelota.

• CON EL *MAGIC CIRCLE*

Otro ejemplo para tonificar más es utilizar el aro mágico o bien una pelota mediana en el cien, donde ejercemos presiones de la zona superior, al tiempo que mantenemos la flexión abdominal.

Los brazos comienzan delante del pecho con presiones a ritmo, cuatro o cinco inspirando y cuatro o cinco espirando. Con este ritmo también subimos y bajamos los brazos.

• RODAR Y GIROS

Sobre el movimiento de rodar se trabajan otros muchos ejercicios, algunos más avanzados y que tonifican mucho los brazos, las piernas y el centro abdominal.

Inspiramos desde el centro, y rodando hacia
atrás espiramos, pero ahora realizamos un giro
oblicuo, llevando el brazo hacia atrás, como
hicimos en el ejercicio de suelo. Cuando
tomamos aire, recuperamos el centro para
rodar y girar hacia el otro lado.

Este movimiento lo podemos trabajar
aquí con la banda elástica para
tonificar aún más.

• **EXTENSIÓN CON PALO**
Podemos añadir un palo sujeto
con las manos para hacer
extensiones y giros laterales
hacia atrás.

Primero en flexión abdominal, subiremos y bajaremos
los brazos con el palo sujeto, trabajando la
corrección de hombros y omóplatos. Inspiramos
hacia atrás y espiramos al regresar.

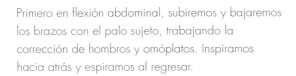

• Giros laterales

Ahora, en posición sentada, sujetamos el palo arriba practicando la corrección postural.

Este ejercicio ejercita el centro energético y los costados, y trabaja tonificando la musculatura erectora de la espalda.

Inspiramos y llevamos el cuerpo un poco hacia atrás, pero manteniendo la espalda estirada; desde ahí, espiramos en contracción y realizamos un pequeño giro lateral. Recuperamos el centro y cambiamos de lado.

Podremos hacer muchas variaciones sobre estos ejercicios, según vayamos comprendiendo y utilizando bien la técnica Pilates, ya que dominaremos cada vez una mayor cantidad de ejercicios, pero siempre recordando que la calidad de los mismos es lo que prima, no la cantidad, ni la dificultad.

No vale la pena hacer o imitar posturas forzadas si no las hacemos con control y con el trabajo respiratorio correcto, con el alineamiento debido y las pautas precisas de cada uno. Las prisas por querer hacer cosas que vemos, sin haber pasado por el proceso debido, sólo pueden producir lesiones y problemas no deseados. Así que paciencia y calma, hay que ser conscientes de las limitaciones personales, posibilidades y momento físico actual antes de querer realizar algo. Consultemos siempre al especialista y tomemos precauciones.

Éstos y otros ejercicios requieren mayor fuerza abdominal y sólo los incluiremos en la práctica cuando llevemos bastantes sesiones dominando la colchoneta.

08. RODAR CON FLEXIÓN Y EXTENSIÓN

Unimos el movimiento de rodar atrás, con la flexión abdominal y el estiramiento de espalda y parte posterior de las piernas.

Inspiramos y espiramos para rodar hacia atrás, imprimiendo la columna sobre el balón y con los abdominales contraídos, con la posición de los hombros hundidos y el cuello estirado.

Inspiramos y espiramos con la flexión y extensión hacia delante, rodamos elevando la espalda y estiramos las piernas, llevando los brazos hacia delante hasta cogernos los pies o los tobillos con las manos.

Vamos a hacer varias repeticiones rodando hacia atrás y hacia delante, hasta quedarnos sobre el estiramiento. Respiramos y alargamos la postura en oposición, con los isquiones y el cóccix dirigidos hacia atrás y los talones hacia delante tirando de la punta de los pies hacia el cuerpo y con la coronilla hacia el suelo. Alargamos la espalda y mantenemos activa la respiración abdominal con dos o tres respiraciones largas y profundas, para pasar al siguiente ejercicio.

RECUERDA
- No olvidemos las pautas para todo ejercicio, donde debe haber tonificación y contracción abdominal, control e impresión de la columna, estabilización, corrección de hombros y cuello, ritmo y fluidez y coordinación con la respiración profunda.
- Mantendremos la calma y concentración durante la práctica, en un equilibrio entre la relajación y la sensación activa y energética del movimiento.
- Visualizaremos el interior del cuerpo en cada una de las posiciones, imaginando los apoyos, los huesos y los músculos en una acción compensada y utilizando imágenes como ayuda.

09. PUENTE SOBRE LOS HOMBROS

Es un movimiento que primero hemos trabajado en la colchoneta, donde hay una elevación de pelvis, fortaleciendo piernas, glúteos, musculatura abdominal, y flexores de la cadera. Esta modalidad sobre el balón tiene más dificultad, como sucede en los otros, por el ingrediente añadido del equilibrio. A partir del ejercicio de rodar vamos tomando confianza y equilibrio sobre el balón para hacer otros ejercicios.

Desde la posición básica, donde hemos rodado hacia atrás, seguimos avanzando hasta que se despega la cadera y la espalda.

Nos quedamos apoyados entre los omóplatos y con la cabeza descansando sobre la pelota.

La punta del cóccix tira hacia arriba y los abdominales están activos.

Al principio se pueden apoyar un poco los brazos para dar seguridad y después se intentará sin apoyos.

Sujetamos el cuerpo imaginando poleas que tiran de la cadera hacia arriba y permanecemos en la posición unas cuantas respiraciones; después pasamos a la postura de estiramiento anterior o bien, si estamos preparados, realizamos los ejercicios que detallamos a continuación.

Manteniendo el puente, se hacen muchos ejercicios. Comenzamos con los más sencillos y ampliaremos después.

Abrimos los brazos en cruz hasta la posición de marco, retomamos los ejercicios en suelo de brazos, hombros y caja superior de la sección segunda, sólo que trabajados aquí con el equilibrio y el control central.

129

Hacemos la misma secuencia de movimientos donde también podemos incluir elementos, como la pelota o el círculo mágico, donde ejercemos presión y movimiento para trabajar y tonificar el pecho, los hombros y la zona dorsal y costal.

Mantenemos el ritmo percutivo de la respiración durante la compresión.

10. ESTIRAMIENTO ANTERIOR

Es un gran estiramiento de la zona abdominal y parte anterior del cuerpo. Si no hay problemas de espalda, es un ejercicio muy agradable y relajante.

Desde los ejercicios anteriores nos apoyamos en el balón, flexionando las piernas. Tomamos aire y vamos empujando con los pies ayudándonos de las piernas, para rodar hacia atrás. Lentamente, rodamos y seguimos respirando. Este ejercicio masajea la espalda durante el movimiento.

Soltamos todo el aire llevando el cuerpo atrás, hasta quedar tumbados. La espalda se apoya hasta la cabeza y los brazos cuelgan hacia atrás, estirando bien el torso. Sentiremos cómo se estira toda la zona abdominal, la parte superior del torso, y cómo la espalda toma elasticidad.

Las piernas están dobladas al principio y después vamos
estirándolas si podemos, para alargar los flexores de la
cadera, el grupo del músculo psoas, etc. Aunque estemos
relajados estirando, nuestro centro abdominal estará activo y
el cóccix empujará un poco para estabilizar y aumentar el
estiramiento en la parte anterior.

Hacemos dos o tres respiraciones largas, para regresar lentamente,
contrayendo los abdominales para recuperar la vertical despacio. Evitaremos
estar mucho tiempo atrás, porque podemos marearnos y caer. Si lo deseamos,
repetimos el movimiento de forma más dinámica para masajear, estirar y relajar.

11. EXTENSIÓN LATERAL

Nos colocamos de lado para trabajar la tonificación
del costado y la estabilidad central.

Nos situamos de lado, sentados en una cadera,
con la pierna doblada y la de arriba apoyando
el pie delante. El cuerpo está pegado al balón,
empujando y presionando sobre él.

Activamos los glúteos, empujando
suavemente el cóccix, mientras las piernas
ayudan y el centro abdominal trabaja el
costado.

Entrenamiento avanzado

Inspiramos y llevamos el otro brazo hacia arriba, ayudándonos del pie apoyado para impulsarnos. Rodamos por el balón hasta llevar la otra mano al suelo y espirando hacemos una extensión lateral con las piernas estiradas. Inspiramos y espiramos mientras regresamos con control hasta la posición inicial para repetir el movimiento tres o cuatro veces con esta respiración. Utilizamos activamente el costado, abdominales, glúteos y piernas para equilibrarnos.

De forma más dinámica, las últimas tres o cuatro repeticiones se hacen inspirando hasta la extensión lateral y exhalando al volver a la posición inicial. Hacemos de seis a ocho ejercicios completos. Usaremos correctamente la respiración, pues nos ayudará, como en todos los ejercicios, al movimiento controlado en Pilates.

12. PATADAS LATERALES

Después de la extensión, vamos a hacer los ejercicios de patadas laterales, que conocemos como *Side kick* y *Knneling side kick*, pero sobre el balón.

Estamos de rodillas con el balón al lado. Apoyados sobre el balón, nos estabilizamos y estiramos la pierna de fuera.

La mano de arriba puede estar sobre el balón al principio para darnos estabilidad, más adelante la colocamos detrás de la cabeza con el codo flexionado.

Una vez colocados, estabilizamos el cuerpo y tonificamos el centro abdominal. Levantamos la pierna estirada hasta la horizontal. Inspiramos dando una patada hacia delante, evitando que el cuerpo se balancee y la cadera se mueva.

Espirando, contraemos y estiramos la pierna atrás. Ahora el cóccix empuja hacia delante para estabilizar la cadera. Los primeros movimientos serán pequeños para dominarlos y paulatinamente se da amplitud sin perder la estabilidad y el centro.

En esta misma posición realizamos otros muchos movimientos de pierna, que podemos ver en los ejercicios clásicos del método Pilates, pero sobre el *Fitball*.

13. LATERAL AVANZADO

Cuando dominamos el anterior, probamos a dificultar, es un reto más que nos pone a prueba, pero nos lo tomaremos como algo divertido y si no somos capaces aún, no pasa nada, sonreiremos y pasaremos a otro, todo llegará, con paciencia y disciplina.

Sentados de lado y apoyados en el balón, rodamos sobre él hasta apoyar la mano en el suelo al otro lado y estirar las piernas.

Nos ayudamos de la mano de arriba para equilibrarnos y utilizamos el centro abdominal, los glúteos y las piernas estiradas y tonificadas para estabilizarnos.

Llevamos la pierna de arriba estirada hacia delante, evitando que se descoloque el cuerpo: tenemos que mantener la cadera estable y probamos a estirar el brazo arriba y a encontrar el equilibrio.

Estiramos la pierna en posición
Pilates para sujetar el centro,
probamos bajando y subiendo la
pierna hasta encontrar el equilibrio.

Si controlamos el ejercicio anterior, hacemos el
Grand ronde jambe (gran círculo con la pierna).
Desde la posición de equilibrio, llevamos la
pierna desde delante hacia arriba, inspirando.

Realizando un gran círculo hacia atrás con la pierna
estirada, el brazo se coloca delante para
equilibrarnos, mientras espiramos hundimos el
ombligo y empujamos un poco el cóccix hacia
delante, lo que compensa el movimiento.

Continuamos el círculo hasta que la pierna
llega delante y volvemos a la posición
inicial, repitiendo todo el ejercicio.

14. POSICIÓN INVERTIDA

Vamos a colocarnos boca abajo sobre la pelota para realizar multitud de ejercicios con las mismas correcciones que hicimos sobre el suelo y para la tonificación de espalda. Primero nos colocamos sobre el balón para realizar la respiración.

• EJERCICIO DE RESPIRACIÓN CON PILATES EN BALÓN

Es una posición de descanso sobre la pelota. Ayuda a relajarnos y a trabajar la respiración Pilates. Primero estamos de rodillas y acercamos el balón hasta pegarlo bien, anclamos la pelvis (igual que en la colchoneta), colocamos el torso encima y nos apoyamos.

Empezamos a respirar activamente, sentimos el pecho bien pegado y notamos que, al inspirar, el esternón se mantiene y las costillas se expanden hacia los lados y hacia atrás y que la zona abdominal empuja un poco la pared del balón sintiendo la tonificación.

Cuando exhalamos, el ombligo se hunde hacia la columna, el suelo pélvico se eleva y las costillas se vacían al final de la espiración.

Respiramos varias veces, podemos contar mentalmente hasta cuatro o cinco mientras hacemos cada movimiento respiratorio.

Antes de pasar a los movimientos siguientes, haremos el ejercicio de elevación del tronco sobre el balón, para favorecer la tonificación de los extensores de la columna, para fortalecer la espalda, como ya vimos en la primera serie de tonificación de espalda de los ejercicios de suelo, con la misma técnica sólo que apoyados sobre el *Fitball*. Si estamos preparados y nuestra espalda lo permite, seguimos.

• ELEVACIÓN DE ESPALDA

Este trabajo fortalece la musculatura que rodea la columna, los extensores y estabilizadores de la columna, que son músculos paravertebrales que llevan la columna en extensión y si los mantenemos fuertes, tonificados y elásticos, nos proporcionan seguridad y protección para mantenernos erguidos y realizar movimientos. Cuando hay lesiones y problemas de espalda, son la base de la rehabilitación, unido al trabajo anterior de abdominales.

Estamos colocados en la posición anterior de respiración, sobre la pelota, anclando la pelvis con los abdominales activos y ponemos las manos juntas y la frente apoyada igual que en el ejercicio de suelo. Para personas con mayor debilidad, empezarán haciendo la elevación con las manos apoyadas en el balón.

Inspiramos y elevamos el tronco suavemente, colocando la posición del cuello y los hombros hundidos con los omóplatos separados.

Espiramos al descender sobre el balón lentamente, mientras nuestra zona abdominal contrae llevando el ombligo hacia la columna. Bajamos, pero sin desplomarnos, sobre la pelota y tocamos un poco para recuperar la extensión, inspirando.

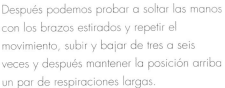

Después podemos probar a soltar las manos con los brazos estirados y repetir el movimiento, subir y bajar de tres a seis veces y después mantener la posición arriba un par de respiraciones largas.

- Si nuestro centro abdominal no es suficientemente fuerte todavía, o tenemos lesiones de espalda, no debemos hacer los siguientes ejercicios más avanzados, pues lo único que lograremos será forzar y traccionar desde la espalda, lo cual es erróneo.

- Hay que ser paciente y aumentar las tablas y la intensidad progresivamente y siempre será bajo la supervisión de un monitor o terapeuta.

- Si este método fue diseñado por J.H. Pilates, como sistema individualizado y supervisado, fue con el concepto de la práctica de Fisioterapia y rehabilitación, y el entrenador personal que adapta los ejercicios a la persona en concreto.

- Si dudamos ante un ejercicio, es mejor descartarlo y preguntar a la persona adecuada antes que realizarlo erróneamente y producirnos algún tipo de lesión, dejando así de ser así un ejercicio beneficioso.

- El libro, los vídeos, etc. son apoyos y ayudas, pero siempre utilizados con cuidado y conciencia. Se entienden los ejercicios cuando se han practicado en clase, o con un terapeuta y después en casa se hacen teniendo como apoyo el material.

15. LA TABLA INVERTIDA

Estos ejercicios trabajan la estabilidad del centro, tonificando la espalda y el tren superior. Vamos a realizar una serie de posturas, que cada persona según su nivel irá incluyendo progresivamente a su forma y capacidad física, evitando los ejercicios más avanzados para quienes sufran alguna lesión, o tengan problemas durante su ejecución.

Desde el ejercicio de respiración, llevamos las manos hacia delante ayudándonos del apoyo de los dedos de los pies, seguimos anclando la pelvis al balón y mantenemos el centro activo.

Andamos con las manos hasta despegar la zona abdominal y cadera del balón.

Las piernas están tonificadas y se estiran a la horizontal. Estamos apoyados en los muslos y las manos caen debajo del hombro.

Nos quedamos en posición de mesa: colocando firmemente los brazos, corrigiendo los hombros, los omóplatos y el cuello, con la espalda alineada y el centro abdominal activo.

Corregimos la espalda hasta la línea del cuello. Mantenemos la posición respirando activamente y buscamos el equilibrio.

16. ELEVACIÓN DE UNA PIERNA

El siguiente paso es elevar una pierna inspirando y espirar bajándola, cambiando en cada respiración.

Mantener esta postura es ya de por sí un buen ejercicio de fortalecimiento. Cuando sentimos que podemos progresar vamos añadiendo otras más avanzadas.

Sujetamos bien la parte superior, evitando que los omóplatos se cierren o los hombros se encojan, así como el cuello, que estará firme y estirado.

Si podemos, aumentamos el nivel con los siguientes ejercicios.

17. TORSIÓN DE CINTURA Y APERTURA

Sujetos en la postura de la tabla invertida, hacemos un giro de cadera, apoyándonos sobre un brazo hasta quedarnos lateralmente sobre la parte externa de la cadera y el muslo.

Inspiramos en el centro y espiramos girando, manteniendo la posición y cambiando de lado con la torsión.

Primero hacemos el cambio de peso y torsión de cadera, respirando a cada lado.

A este movimiento le añadimos progresivamente la apertura de piernas desde la rotación, como ejercicio más avanzado.

18. FLEXIÓN Y EXTENSIÓN

A partir de la posición de la tabla, haremos una serie de ejercicios para fortalecer la zona superior.

Llevando un poco el cuerpo hacia delante, hacemos una pequeña flexión de codos, evitando que se abran hacia fuera y doblándolos hacia las costillas.

Inspiramos en la flexión y espiramos en la extensión, empujando con las manos hasta recuperar la posición.

Repetimos el movimiento intentando bajar cada vez un poco más, como si quisiésemos tocar con la nariz en el suelo.

Evitaremos que los hombros se encojan y lo omóplatos se junten, abriendo el pecho y sin bloquear los codos al estirar.

Cuanto más alejemos el balón de las manos, más avanzado y fuerte será el trabajo; por ejemplo, llegando a estar sólo apoyados con los pies.

19. EL COLUMPIO

Desde el movimiento del columpio se hacen otros más avanzados como la torsión, el escarabajo, la carpa, etc. sólo aptos para practicantes audaces. Son más fuertes y requieren más control, equilibrio, fuerza abdominal y también del tren superior. Éste y los ejercicios de tabla invertida realizan una tonificación global del cuerpo, desde la musculatura menor interna, a la mayor externa.

Inspiramos mientras se flexionan los brazos, elevando las piernas y bajando el cuerpo. Espiramos al contraer y recuperar la posición de tabla, tonificando la espalda.

Mantenemos activo el centro, y los brazos y las piernas trabajan estirados.

Repetimos dos o tres veces para a continuación hacer el movimiento, pero con los brazos estirados elevando las piernas. Aquí utilizamos la musculatura dorsal, pectoral y abdominal.

Tiramos de los hombros y los omóplatos hacia abajo para recuperar la posición de tabla.

20. EL ESCARABAJO PELOTERO

Este gracioso nombre que nos recuerda
al insecto es un gran ejercicio de
tonificación y equilibrio.

Inspiramos desde la posición de tabla y espiramos
en contracción abdominal recogiendo las rodillas
hacia nosotros, inspiramos y recuperamos la
posición. Repetimos el movimiento de tres a seis
veces, e intentamos la variante de oblicuos.

21. TORSIÓN

Cuando doblamos las piernas incluimos un giro, llevando
las rodillas hacia cada lado desplazando el balón. Las
caderas deben permanecer un poco más altas para
mantener el equilibrio.

Trabajaremos el centro bien activo con una gran
contracción abdominal. Después de este ejercicio,
podemos realizar la carpa o bien volver hacia atrás
hasta apoyar los pies y quedarnos en postura de
descanso sobre el balón, para hacer el movimiento
del cisne.

22. EL VUELO DEL CISNE

Este ejercicio de espalda se hace en la colchoneta. Pilates lo llamó *Swan* (el cisne). Requiere un gran control, así como fuerza y elasticidad de la espalda. Es un movimiento que hacemos cuando llevamos tiempo trabajando Pilates y nuestra espalda lo permite.

Podría ser uno de los ejercicios más beneficiosos para la espalda, si hemos llegado hasta él es porque nuestra capacidad y dominio están acordes con la realidad física. Puede ser fuerte al principio, pero muy efectivo junto con todos los movimientos de espalda, como la natación.

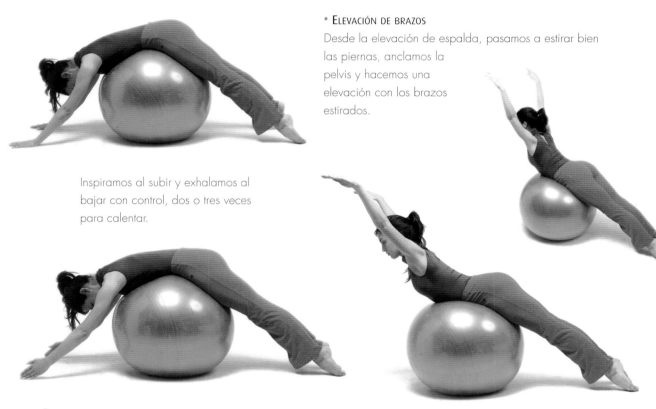

• ELEVACIÓN DE BRAZOS

Desde la elevación de espalda, pasamos a estirar bien las piernas, anclamos la pelvis y hacemos una elevación con los brazos estirados.

Inspiramos al subir y exhalamos al bajar con control, dos o tres veces para calentar.

• PIERNAS Y BRAZOS

El siguiente paso eleva la espalda y estira las piernas a la horizontal.

Inspiramos y nos elevamos subiendo brazos y piernas con extensión de espalda.

Exhalamos bajando con mucho control, tocando suavemente con manos y pies y volviendo a inspirar al subir. Repetimos dos o tres veces y nos quedamos en posición de descanso.

RECUERDA

Sobre el balón, el ejercicio del cisne es mucho más difícil y exigente que el que se efectúa sobre la colchoneta en el suelo procedente de la tabla clásica del método Pilates. En este caso, se requiere fuerza y control, pero con la pelota además se necesita un gran sentido del equilibrio, pues podría rodar en el momento de la elevación, haciéndonos caer.

Podemos educar el equilibrio con otros ejercicios que lo fomentan de manera más suave y gradual o practicar otras disciplinas que activan ese sentido, como ocurre con el Yoga.

23. LA CARPA

Éste es uno de los ejercicios más fuertes que se hacen boca abajo. Primero dominaremos los anteriores durante unos meses y, cuando sintamos que estamos listos, lo intentaremos con cuidado, sólo debe realizarlo quien tiene la técnica, fuerza y control necesarios.

Se trata de contraer y elevar la cadera, con las piernas estiradas, hasta la posición vertical. Se inspira retornando a la posición de tabla y exhalando hacemos el plegado carpado. Repetimos el movimiento y después intentamos permanecer arriba una o dos respiraciones. Para quien quiere trabajar más fuerte y hacer equilibrios más físicos, utilizamos este movimiento, para después subir las piernas arriba y juntas hasta quedarnos en posición de pino. Esto mejora la técnica de acrobacias.

24. EQUILIBRIO FINAL

Para probar nuestro control, cuando hemos dominado los ejercicios anteriores, buscamos el equilibrio con las dos piernas apoyadas e intentando mantenernos sobre la pelota sin caernos.

Es como un juego, un reto donde debemos usar todos los recursos aprendidos: la colocación del cuerpo, la respiración y un centro abdominal bien fuerte.

Se puede empezar apoyando el balón en una pared, para evitar así que se mueva tanto. Incluso se puede contar con un compañero que lo sujeta mientras el otro intenta subir. Más adelante, siempre que con el entrenamiento nos veamos seguros, podremos hasta soltar las manos al colocarnos sobre el balón.

25. RELAJACIÓN Y ESTIRAMIENTO

En la posición de descanso, apoyamos los pies y hacemos un pequeño balancín bocabajo, para relajarnos.

Inspiramos hacia delante y espiramos hacia atrás. Respiramos tranquilos y dejamos que el movimiento nos vaya relajando y meciendo suavemente. Los balanceos relajan el sistema nervioso y apaciguan la mente, recuperando la respiración y las pulsaciones.

Para estirar la espalda, el torso y los costados, llevamos el balón hacia delante con las manos apoyadas y realizamos un estiramiento largo. Podemos terminar con la posición de descanso hacia atrás, antes de pasar a los ejercicios en posición erguida.

EJERCICIOS EN PARED

En sistema Pilates se suelen hacer al final de la sesión los ejercicios en posición erguida, tanto los que se hacen apoyados en una pared, como los movimientos adicionales para practicar de pie.

Con las piernas juntas en posición Pilates y un paso separadas de la pared de apoyo, sentimos la posición de la espalda como sobre la colchoneta, se trata de trasladar todo lo que hemos trabajado en la colchoneta a la horizontal o sobre el balón, a la posición erguida vertical.

01. ENROLLAR Y DESENROLLAR LA ESPALDA

• ENROLLAR LA COLUMNA
Desde arriba, inhalamos y, al exhalar, hundimos un poco el mentón, notando el estiramiento de la nuca y las primeras cervicales que, al inspirar, se llenan de aire y al espirar, bajan abriendo el espacio vertebral.

Bajamos lentamente imprimiendo la columna, haciendo alguna pausa, sintiendo cada vértebra que se va despegando y liberando.

Seguimos bajando; al inspirar llenamos de aire limpio la zona vertebral donde estamos y espiramos (con el ombligo dentro), bajando y liberando el aire caliente acumulado de esa vértebra o palmo de espalda. Haremos tres o cuatro respiraciones largas hasta bajar.

Llegamos a colgar manteniendo el sacro apoyado y hacemos círculos con los brazos, a los que se pueden sujetar unas pesas pequeñas desde las manos, lo que descarga la zona escapular y el hombro.

• DESENROLLAR LA COLUMNA

Subimos desenrollando la columna vértebra a vértebra, ayudándonos un poco con la acción del cóccix (para proteger) y con la contracción abdominal, respirando y notando cada punto de espalda hasta recuperar la vertical.

Podemos volver a bajar y colgar un poco más abajo, rodando hasta el final del sacro.
Si al principio nuestra espalda está débil, se pueden apoyar las manos en los muslos para soportar el peso.

RECUERDA

Este ejercicio proporciona por un lado elasticidad a la columna, y tonificación en la musculatura erectora de la espalda. pero las personas con lesión en los discos, tales como hernias, protusiones, etc., no harán la flexión, o bien sólo hasta la mitad de la espalda, manteniendo apoyada la zona afectada y siempre consultando al terapeuta para evitar lesiones.
En casos de osteoporosis severa tampoco se recomienda la flexión de columna, por el desgaste óseo.

02. POSICIÓN CUADRADA

Manteniendo la espalda apoyada, separamos las piernas en paralelo el ancho de la cadera.

Elevamos los brazos hasta la posición de marco, inspiramos y espiramos flexionando las piernas hasta quedarnos casi sentados. La espalda se desliza por la pared sin perder su posición.

En postura sentada, hacemos movimientos de rotación con los brazos, como los que aparecen en la segunda sección de brazos, hombros y caja superior. Procuraremos mantener la espalda apoyada y evitar que las costillas salgan, el pecho se levante, los hombros suban, el cuello se descoloque o la zona abdominal pierda su tono.

Estos ejercicios que hemos hecho tumbados en la colchoneta, que después probamos sobre el balón y ahora en vertical sobre la pared, son preparativos para realizarlos posteriormente de pie, pero sin apoyos. Vamos a trabajar siguiendo las correcciones básicas.

Ahora vamos a realizar unos ejercicios en posición erguida de pie, incluyendo la banda elástica y el círculo mágico, para tonificar, buscando el equilibrio y el control.

EJERCICIOS DE CONTROL EN POSICIÓN ERGUIDA

Colocamos la posición erguida, con las piernas en posición Pilates. Activa tu centro y alargamos la columna estirando el eje.

01. EQUILIBRIO Y FUERZA

Manteniendo los talones y las piernas juntas, elevamos despacio mientras inspiramos en cuatro tiempos. Exhalamos lentamente en cuatro tiempos hasta apoyar otra vez los talones. Repetimos el ejercicio varias veces.

Después mantenemos arriba la postura en equilibrio y control, giramos la cabeza y miramos a la derecha y a la izquierda guardando el equilibrio.

Bajamos y repetimos el movimiento cambiando el giro de la cabeza. Se trata de mantener el equilibrio con nuestro centro energético fuerte, las piernas juntas y activas, el eje alineado y ayudados de la respiración que nos calma y nos centra.

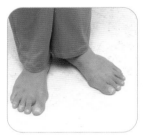

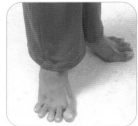

02. EJERCICIOS CON EL CÍRCULO MÁGICO

• PRESIONES SUBIENDO Y BAJANDO

Para aumentar el trabajo, ahora sujetamos el aro entre las manos, para hacer presiones subiendo y bajando los brazos, mientras permanecemos con los talones elevados. Si cuesta al principio lo hacemos con los pies apoyados.

Esto tonifica la parte superior del cuerpo y aumenta la dificultad para reforzar el equilibrio y el control corporal. Subimos inspirando y bajamos espirando, con presiones rítmicas al tiempo de la respiración.

• PRESIONES LATERALES

Colocamos el círculo apoyado en la cadera y hacemos presiones, esto tonifica la musculatura que abarca el tercer centro, desde el hombro, el brazo, el pecho, la zona dorsal y la zona lateral del centro abdominal.

• ENTRE LOS TOBILLOS

Sujetamos el aro entre las piernas, buscamos el equilibrio sobre una de ellas y hacemos presiones rítmicas con la otra. Requiere más control y equilibrio, pero fortalece mucho la musculatura de las piernas.

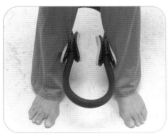

Existen multitud de ejercicios con este aparato y si no tenemos la posibilidad de tenerlo, podemos sustituirlo por una pelota de tamaño mediano.

03. ENTRENAMIENTO CON BANDA ELÁSTICA

> RECUERDA
> - La medida de la cinta será de dos a cuatro metros. Para poder realizar todos los ejercicios, también podemos atar y juntar dos bandas medianas para los movimientos más amplios.
> - La resistencia debe ser en principio más ligera, pero depende de la persona, edad o lesión que vamos a trabajar. Progresivamente, aumentamos la resistencia.
> - Antes de empezar los ejercicios con goma, hemos de haber calentado el cuerpo y movilizado las articulaciones.
> - La técnica respiratoria y la corrección postural es la misma que en todos los movimientos anteriores.
> - Cuando trabajamos sobre una lesión, utilizamos una banda liviana, porque además de minimizar el movimiento, el dolor será nuestra señal, cuando sintamos el inicio del dolor pararemos y trabajaremos sólo hasta ahí. Por otro lado, si notamos demasiadas molestias, debemos dejar el ejercicio y consultar siempre al terapeuta o entrenador.
> - En este libro se incluyen algunos ejemplos en ejercicios de suelo y también de pie, pero la variedad de movimientos es infinita y da para muchos manuales. Son ejemplos que podemos introducir poco a poco en la sesión, y cuando comprendamos el trabajo, probar con otros movimientos, pero siempre controlando la técnica corporal, pues como todo ejercicio, mal ejecutado ya no es tan saludable.

• TIPOS DE ENTRENAMIENTO

Si queremos practicar un **entrenamiento de aumento de la fuerza, resistencia y capacidad muscular en esfuerzos prolongados**, el trabajo con la banda elástica es ideal.

Lograremos mayores resultados con una goma de resistencia media o baja, e incrementando la duración de las repeticiones. La respiración aeróbica acompañará al ejercicio coordinado al movimiento.

Si deseamos trabajar un **entrenamiento de fuerza corta y explosiva** con el que aumentar el volumen muscular, la banda será de resistencia alta y las repeticiones cortas y rápidas.

El **entrenamiento mixto** consiste en conjugar ambas técnicas y combinarlas o bien en una misma sesión, o bien en prácticas alternas con ejercicios isométricos, de fuerza y resistencia.

A todos los ejercicios les seguirán estiramientos específicos para compensar y descargar la musculatura. Aunque en este manual no se hayan incluido todos los estiramientos realizados en una sesión debido a la limitación del espacio, debemos estirar siempre para precalentar y después para soltar y evitar sobrecargas y calambres musculares, así como acortamientos. Si es necesario, consultaremos guías de estiramientos para incluirlos en nuestra sesión.

• ELEVACIÓN PARA EL HOMBRO

Colocados en posición
erguida, pisamos la
banda sujetándola con
ambas manos.

Ajustamos la postura
alineando y activando
el núcleo.

Inspiramos elevando el brazo hasta la
horizontal evitando que la muñeca se doble
o elevemos el hombro. Si te cuesta,
subiremos hasta donde podamos y poco a
poco aumentaremos el movimiento.

Espiramos al bajar el brazo con
control, el ombligo activo y
alargando la exhalación.
Repetimos con cada brazo entre
cuatro y seis veces.

RECUERDA

El secreto del trabajo correcto con la banda es que no pierda el tono estirado en ningún momento, y
no dejar nunca la goma floja durante el movimiento. Además, la respiración coordinada es muy
importante para recibir todos los beneficios del ejercicio.

• LA RESPIRACIÓN CON BANDA ELÁSTICA

En todos los ejercicios que vamos hacer en esta serie, el ritmo respiratorio será:

• Inspiración cuando la goma se estira.
• Espiración cuando la goma regresa.

El retorno de la goma es más lento que cuando la estiramos. Esto es así en todos los ejercicios, aumentando la
resistencia en el movimiento que más dificultad hay, por esto usamos la contracción abdominal y la espiración.

• ELEVACIÓN CON AMBOS BRAZOS

A continuación subimos los dos brazos a la vez mientras flexionamos las piernas, inspirando. La espalda debe estar recta manteniendo la posición de los tres centros.

Espirando, bajamos los brazos y estiramos las piernas de nuevo.

Repetimos el movimiento tres veces, para a continuación hacerlo con apertura lateral otras tres veces.

• FLEXIÓN Y EXTENSIÓN

Apoyando el codo en el costado, realizamos una flexión del codo, rotando el antebrazo, e inspiramos.

Espiramos retornando lentamente con extensión del codo, el antebrazo va rotando hasta estirar el brazo. Repetimos con cada lado varias veces.

Después unimos el movimiento de flexión elevando el brazo hasta la vertical arriba.

Y bajamos respirando activamente con el brazo estirado desde el lateral, trabajando así el hombro y el costado.

• EXTENSIÓN LATERAL

Desde el ejercicio anterior de flexión, hacemos un estiramiento lateral del costado además de tonificarla con la resistencia de la banda.

Primero doblamos el codo inspirando y estiramos el brazo arriba espirando.

Tomamos aire al alargar el costado y llevamos el torso lateralmente espirando mientras regresamos a la vertical. Podemos repetir dos o tres veces la extensión lateral, recordando la posición activa del centro para proteger y después regresamos con una respiración hasta bajar de nuevo el brazo y cambiar de lado.

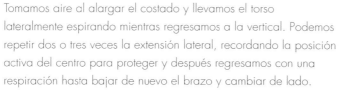

• Gran amplitud

Con los dos brazos hacemos la flexión y extensión en una respiración completa llegando arriba y abriendo lateralmente inspiramos y, soltando el aire, los brazos bajan por los lados hasta la cadera para reiniciar el movimiento.

También iniciamos el movimiento al contrario al subir por los costados y desde arriba, al bajar por delante con la flexión de codos.

Podemos inspirar y espirar subiendo, e inspirar y espirar bajando, o bien tomar aire hasta llegar arriba y soltar abriendo los brazos hasta abajo.

• EQUILIBRIO

Como hicimos con el círculo mágico, nos equilibramos sobre una pierna mientras la otra abre y cierra respirando igual, con la resistencia de la goma.

• TREN SUPERIOR

APERTURA HORIZONTAL

Sujetamos la banda delante aproximadamente el ancho de los hombros.

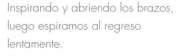

Inspirando y abriendo los brazos, luego espiramos al regreso lentamente.
Mantenemos los hombros hundidos y los codos estirados.

El trabajo lo debemos sentir en la zona pectoral y dorsal, además de en los hombros y la zona abdominal.
Haremos unas seis repeticiones y cambiaremos de lado.

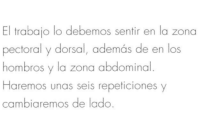

RECUERDA

Los ejercicios del tren superior tonifican la zona pectoral y dorsal, el centro abdominal los hombros, los brazos y el cuello, lo que es muy beneficioso para prevenir lesiones.

Apertura vertical

Subimos los brazos a la vertical para hacer aperturas desde arriba.

Abrimos los brazos bajando por detrás y después por delante. Así, trabajamos tanto la parte superior del pecho como los músculos dorsales, estos últimos de forma muy activa.

La respiración debe ser como en todos los ejercicios anteriores: inspiramos al abrir bajando y espiramos al subir.

Tríceps

Colocando la goma por detrás del cuerpo, doblamos los codos para hacer una extensión del brazo de arriba, inspiramos estirando y espiramos doblando. Repetimos de tres a seis veces. Para aumentar el movimiento vamos extendiendo también el brazo de abajo y repetimos unas cuantas veces más.

DESBLOQUEO ARTICULAR DEL HOMBRO

Sujetamos la goma el ancho de los hombros y, como si fuese un palo, subimos hasta arriba inspirando y pasamos rotando los hombros, espirando hasta llegar atrás.

Retornamos el movimiento tomando aire y soltando para llegar delante.

TE INTERESA...

- Hay personas a las que les resulta difícil y doloroso este movimiento. Si es así, pueden, o bien descartarlo de momento, o sujetar la goma más ancha.

- Es un ejercicio muy beneficioso para la zona articular del hombro, donde hay muchos problemas habitualmente.

- También se puede hacer sujetando un palo, aunque es más difícil, pues la goma tiene la elasticidad que a veces falta para rotar.

ROTADORES DEL HOMBRO

Podemos hacer el ejercicio de pie o también cuando estamos sentados.

Apoyamos el codo en la cadera y llevamos la banda elástica hasta el otro lado sujetándola.

El antebrazo queda cruzado a la línea media del cuerpo. Inspiramos llevando el antebrazo hacia el exterior y espiramos al regreso.

Este movimiento trabaja la musculatura interna del hombro (llamada «manguito de los rotadores»), recuperando esta zona con problemas articulares y previniendo posibles lesiones.

Existen muchísimos ejercicios que podemos hacer con la banda elástica si tenemos conocimientos. Podremos investigar y trabajar en multitud de movimientos y aplicaciones con el tiempo, cuando dominemos todos éstos, sólo tenemos que seguir las pautas técnicas de la metodología.

Es un instrumento muy práctico que recomendamos introducir en los entrenamientos, pues sus resultados son excelentes.

04. LOS IMPRESCINDIBLES ESTIRAMIENTOS

Por falta de espacio no se incluyen los estiramientos que realizaríamos después de cada sesión de tonificación con la goma, pero es conveniente tenerlos presentes siempre.

Recordemos que los estiramientos son indispensables para descargar la musculatura y recuperarnos del esfuerzo y que mantener el cuerpo flexible es evitar lesiones y mejorar el rendimiento.

El tono muscular debe estar en armonía con su capacidad de movimiento.

Existen multitud de manuales sobre el tema, pero bastará con tener en cuenta que, sean los que sean, los estiramientos no deben hacerse con rebotes ni tirones, sino manteniendo el músculo estirado durante unos segundos y sintiendo su tirantez sin forzarlo. Además, haremos hincapié en estirar siempre las partes del cuerpo o grupos de músculos más implicados en cada ejercicio.

WHAT DO YOU DO AT A PETTING ZOO?

HANA MACHOTKA

MORROW JUNIOR BOOKS / NEW YORK

To Ilya and Leda

Printed in Singapore at Tien Wah Press (1990)
1 2 3 4 5 6 7 8 9 10

Library of Congress Cataloging-in-Publication Data
Machotka, Hana.
    What do you do at a petting zoo?/Hana Machotka.
        p.   cm.
    Summary: Describes the function of a petting zoo
    and the kinds of animals that are found there.
    ISBN 0-688-08737-X.—ISBN 0-688-08738-8 (lib. bdg.)
    1. Petting zoos—Juvenile literature.   [1. Petting zoos.
2. Zoos.]   I. Title.
QL76.M23   1990
590′.74′4—dc20   89-34478   CIP   AC

Acknowledgments

My biggest thanks go to Robert Commerford for the use of his petting zoo, as well as to Mr. and Mrs. Robert Commerford, Jr. Special thanks go to Wayne Pilzy and Robert Dalke of the petting zoo for going out of their way to help me get my photographs.

Thanks to my veterinarian, Dr. Andrew Salomon of New York City, and to Drs. Gerald West and John Leahy of Oneonta for sharing their time and knowledge; to Heidi Yager who raises sheep, and Frances Griffiths who keeps donkeys, for talking to me at length about their animals; to Wendy Worth and Barbara Santomaso of the New York Zoological Society for sharing their knowledge about ducks; and to Dr. Allison Andors of the American Museum of Natural History, Department of Ornithology, who took the time to answer my questions in depth.

Once again thank you to my editor, Andrea Curley, for her eagerness, encouragement, and advice; to art director Ellen Friedman for her artistic acumen; and lastly to my family for their constant support and enthusiasm.

The next time you visit a zoo or a county fair, keep your eyes open for the petting zoo. You'll probably find it under a gaily colored tent that keeps out the hot summer sun. Step up to the brightly painted railings, and watch the sheep and goats scramble over one another to greet their newest visitor! Drop a coin in the animal-feed machine, turn the knob, and cup your hands under the spout. Just as a mountain of pellets drops into your hands, a dozen soft tongues will tickle your palms. Suddenly your hands are empty again, and a group of staring faces seems to be asking you, "Well, is that all?"

Welcome to the petting zoo!

Reach your hands over the railing and feel
the bony horns of a...

GOAT

Horns are very handy things to have if you're a goat. You can use yours to butt a friend, or you can chew on them with your baby teeth (if the horns happen to belong to your mother, that is).

Goats are playful animals that love to run, climb, and jump. Sometimes they bolt straight up into the air for no reason at all! Their split hooves are perfect for climbing and for clinging to sheer rocks. Goats are also very curious, intelligent creatures and, like dogs, will follow people around. But watch out. They also like to untie shoelaces!

As you walk on, listen for the *cluck, cluck*
of a feathery...

MOTHER HEN

She is calling her chicks in for a rest, and she will hover over them like a large, feathery house. This is called *brooding,* and it is how a mother hen protects her chicks from dampness, cold, and danger.

After the baby chicks finish their nap, they follow their mother around as she scratches the dirt for seeds, grubs, and bugs. A single cluck from her brings them running to see what she has found; a sharp series of clucks tells them to hide quickly from danger under her protective wings. One little chick that wants to come out hops onto its mother's back to get a better view.

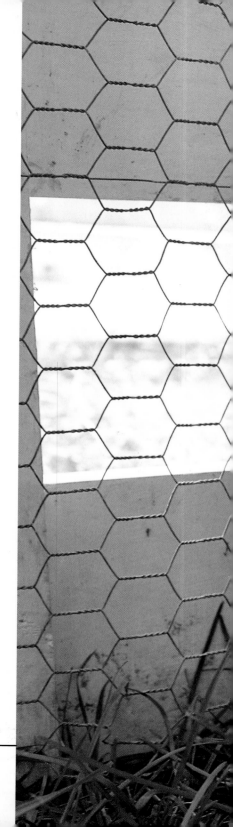

Those long furry ears belong to a...

DONKEY

A donkey's ears are designed to act as a long funnel to catch faint sounds from far away. Because the ears can also turn toward a sound, donkeys have a very keen sense of hearing.

Donkeys are hard workers, and in many countries they are used to carry heavy loads. Because they are good herders, some farmers find donkeys make perfect guard animals for their sheep. Other people keep donkeys as pets. Donkeys love to follow people around, and they can even be walked on a leash. But be careful. They are very intelligent animals and can open an unlocked gate!

This curly tail could only belong to a...

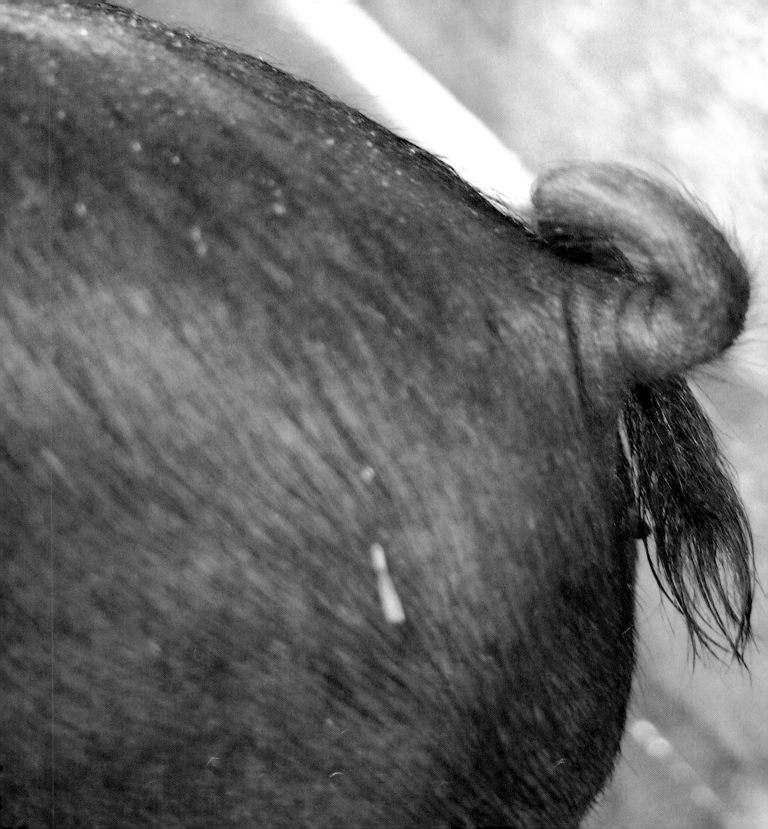

PIG

Its tail can tell you how a pig is feeling. A wagging tail says that the pig is content. A tail held straight down between the legs shows a frightened pig. Uncurled, a pig's tail can chase away pesky flies.

   Pigs are very talkative animals. They squeal, growl, grunt, snarl, and shriek. Pigs like to be clean, but in hot weather they need a nice mud puddle to cool off in because they have no sweat glands. Some people say pigs are the smartest animals in the barnyard. They answer to their names, retrieve objects, roll over, and find things. Watch the piglets run, jump, explore, and play with one another like puppies.

Each of these brightly colored bills belongs
to a...

DUCK

The bill is perfect for grooming feathers;
scratching itches; scooping up drinks
of water; and feeding on grasses, snails,
and insects.

Ducks love water. At the petting zoo
you may see them swimming in their pan
of drinking water. Ducks keep their feathers
well oiled by *preening,* or grooming.
With their bills, they spread the oil from
an oil gland near the tail. This helps keep
them afloat.

Plunge your fingers into the fleece of a…

SHEEP

The fleece feels thick, oily, and rough, but it keeps the sheep comfortable in the coldest weather. When cut off and made into wool yarn, it can keep you warm, too.

Sheep are friendly animals that seldom bite or kick. Easily frightened, they prefer to live in herds. In the spring, a ewe, or female sheep, may give birth to one, two, or even three lambs. When there is danger, the ewes will alert their lambs with a stamp of the foot. In some breeds, the rams, or male sheep, grow a magnificent set of curled horns. In other breeds, the horns may grow on both sexes, or on neither!

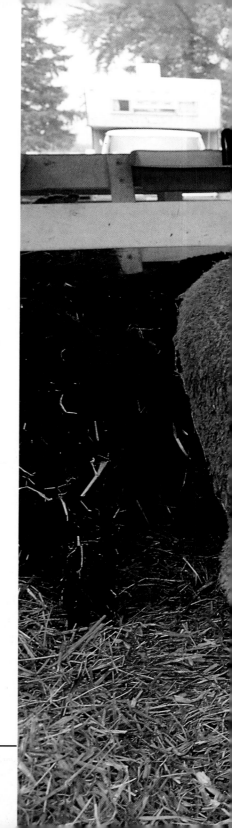

This dainty hoof, which can cross the
highest mountain, belongs to a...

LLAMA

The hard edges of a llama's toes are good for scratching an itch as well as for traveling over rough terrain. The bottom of the foot is a soft leathery pad that prevents the llama from slipping on wet or rocky ground. And it will not damage any plants growing underfoot.

Llamas are a South American relative of the camel. Their thick, soft fur protects them from the cold climate of the Andes Mountains. Because they are so surefooted, llamas make wonderful pack animals for climbing and hiking. They are friendly and playful, and some people keep them as pets. But if you make a llama angry, it may spit in your face!

As you walk around the petting zoo, notice how different one animal is from another. Try to figure out how these differences help each animal survive. Would the bill of a duck serve a chicken as well? What if a donkey grew horns? Why do some animals have fur and others have feathers?

Watch the baby animals play with one another. How do their games prepare them for adult life? Do they look like their parents? Do they communicate with one another?

There is so much to learn at the petting zoo by looking, talking, and touching. The playfulness, curiosity, and constant surprises of the animals create endless enjoyment. If you offer kindness and understanding, the animals will reward you with their trust and friendship.